Livre de données sur le tir sportif

Ce livre fait partie de :

Ce livre de tir sportif de qualité supérieure, pratique et facile à utiliser, avec une couverture moderne et de qualité supérieure pour les tireurs, les tireurs, les tireurs, les tireurs, est conçu de manière professionnelle pour vous aider à tenir des registres détaillés des dates, heures, lieu, arme à feu, type de viseur, munitions, profondeur d'assise, distance, poudre, amorce, laiton, pages de tableau.

Livre de données sur le tir sportif

Date: _________________________   Temps: __________

Localisation: _________________________________

Conditions météorologiques

☐   ☐   ☐   ☐   ☐   ☐   _______   _______

Armes à feu:	
Balle:	Profondeur d'assise:
Poudre:	Céréales:
L'abécédaire:	
Laiton:	
Distance:	

Résultats globaux

☐ Mauvais   ☐ Juste   ☐ Bon   ☐ Excellent

Notes complémentaires

____

____

☆ ☆ ☆ ☆ ☆

Une idée de cadeau parfaite pour les débutants et les professionnels

Livre de données sur le tir sportif

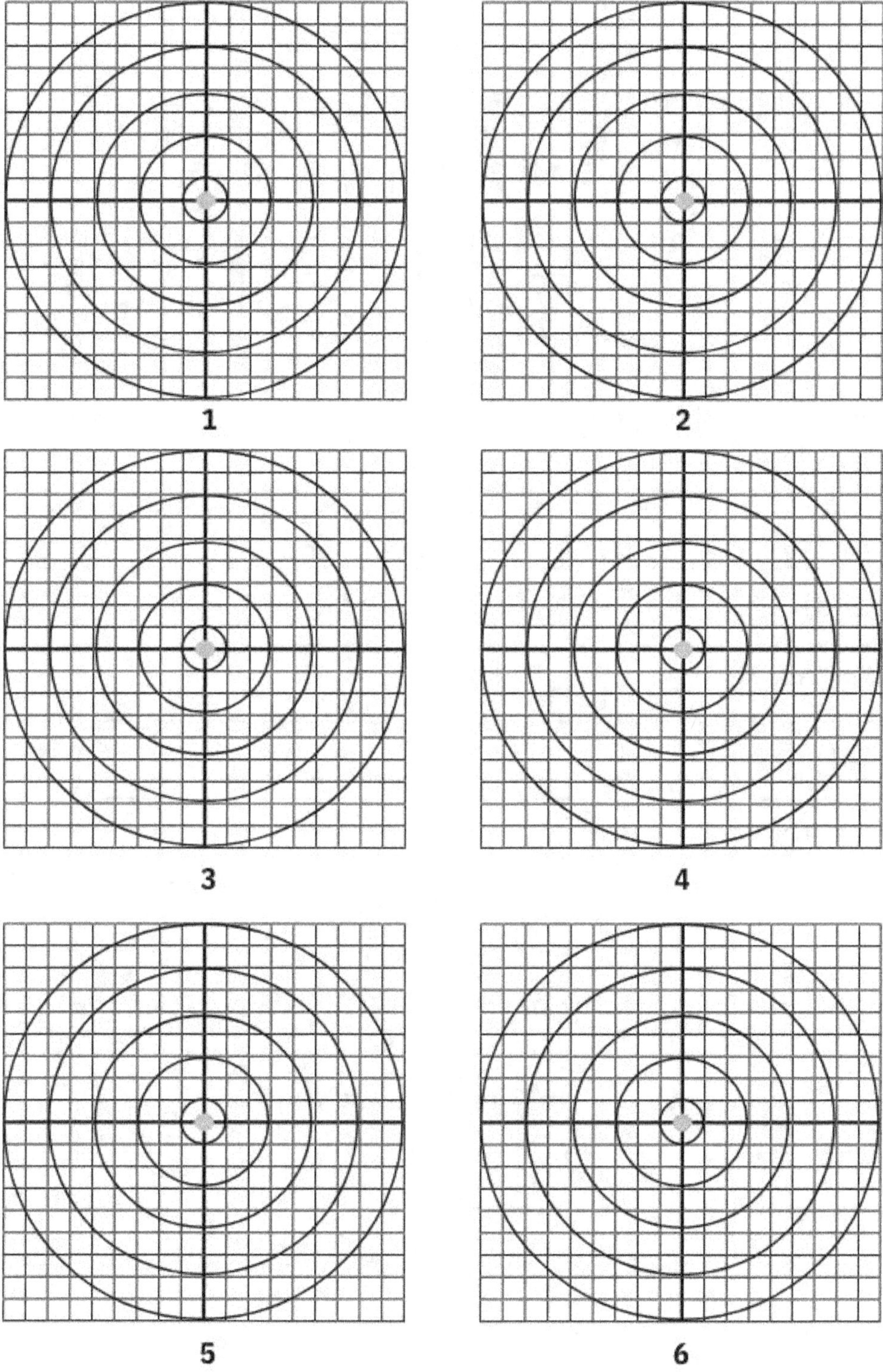

Une idée de cadeau parfaite pour les débutants et les professionnels

Livre de données sur le tir sportif

📅 Date: _________________ 🕐 Temps: _________

📍 Localisation: _______________________________

Conditions météorologiques

☀️ ☁️ ⛅ 🌧️ 🌧️ 🌨️ 🚩 🌡️

☐ ☐ ☐ ☐ ☐ ☐ _______ _______

Armes à feu:	
Balle:	Profondeur d'assise:
Poudre:	Céréales:
L'abécédaire:	
Laiton:	
Distance:	

Résultats globaux

☐ Mauvais ☐ Juste ☐ Bon ☐ Excellent

Notes complémentaires

____

____

____

☆ ☆ ☆ ☆ ☆

Une idée de cadeau parfaite pour les débutants et les professionnels

Livre de données sur le tir sportif

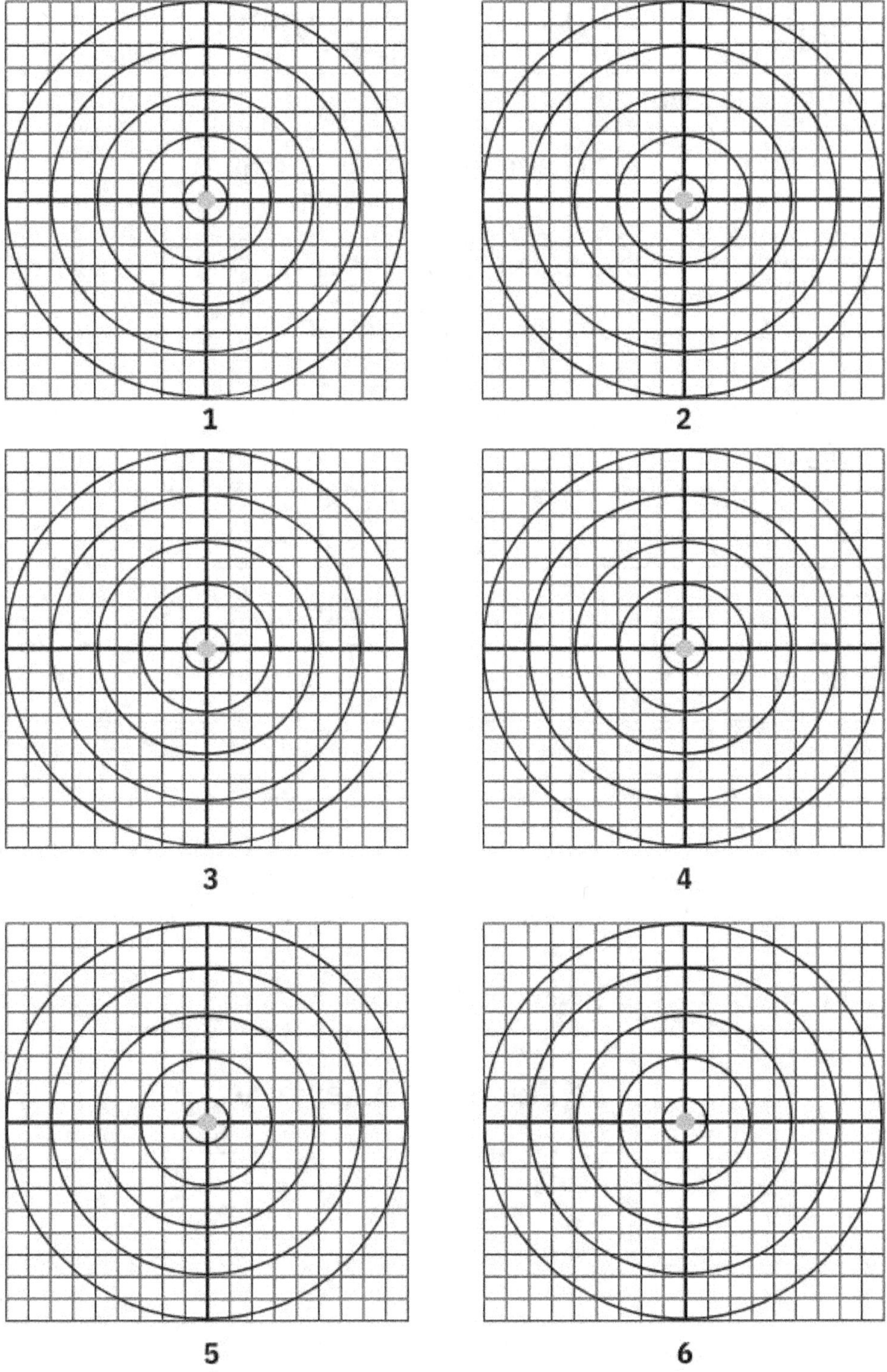

Une idée de cadeau parfaite pour les débutants et les professionnels

Livre de données sur le tir sportif

📅 Date: ___________________ 🕐 Temps: __________

📍 Localisation: _______________________________

Conditions météorologiques

☐	☐	☐	☐	☐	☐

Armes à feu:	
Balle:	Profondeur d'assise:
Poudre:	Céréales:
L'abécédaire:	
Laiton:	
Distance:	

Résultats globaux

☐ Mauvais ☐ Juste ☐ Bon ☐ Excellent

Notes complémentaires

____

____

☆ ☆ ☆ ☆ ☆

Une idée de cadeau parfaite pour les débutants et les professionnels

Livre de données sur le tir sportif

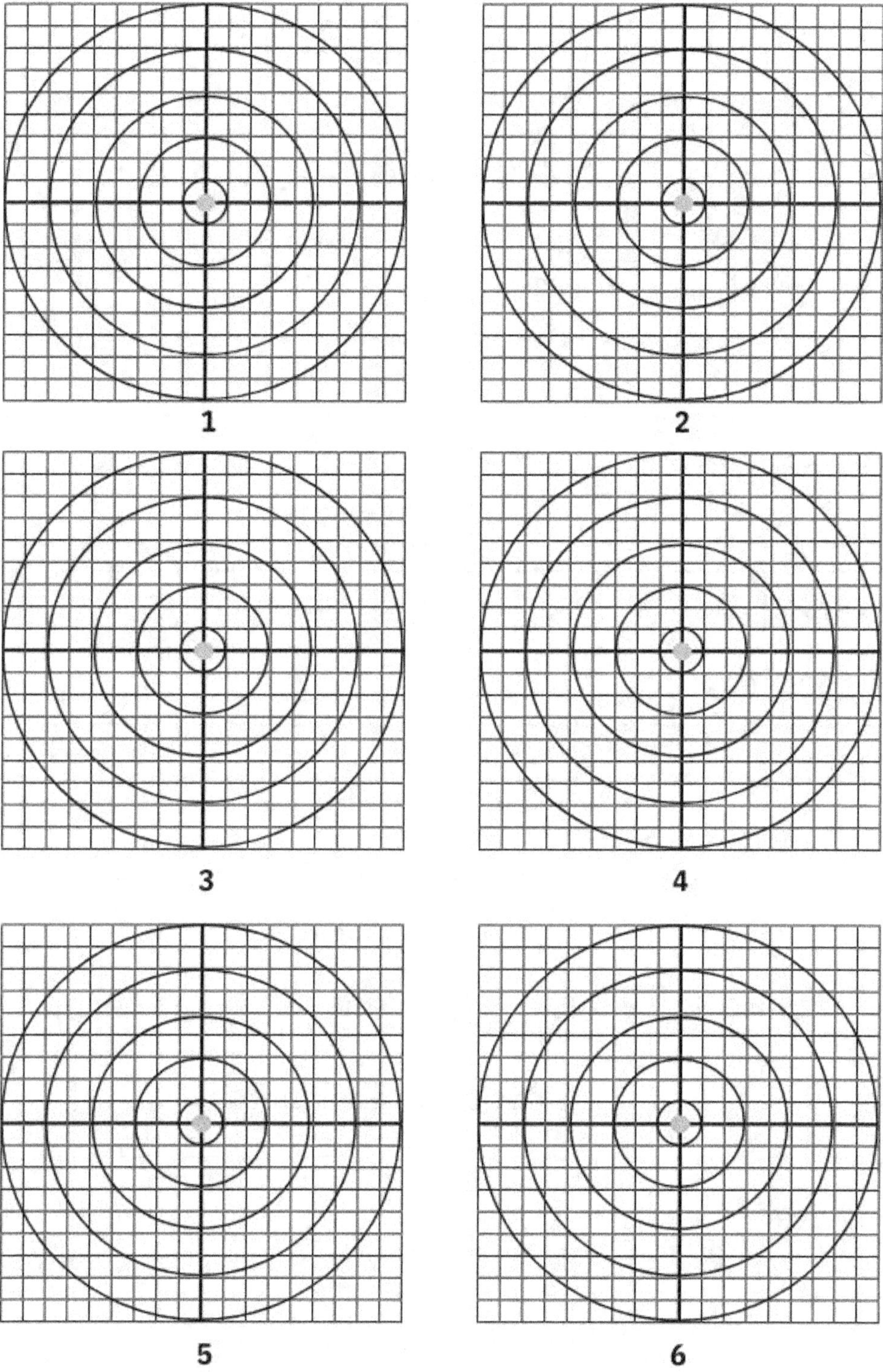

Une idée de cadeau parfaite pour les débutants et les professionnels

Livre de données sur le tir sportif

📅 Date: _________________ 🕐 Temps: _________

📍 Localisation: _______________________________

Conditions météorologiques

☐ ☐ ☐ ☐ ☐ ☐ _______ _______

Armes à feu:	
Balle:	Profondeur d'assise:
Poudre:	Céréales:
L'abécédaire:	
Laiton:	
Distance:	

Résultats globaux

☐ Mauvais ☐ Juste ☐ Bon ☐ Excellent

Notes complémentaires

____

____

____

Une idée de cadeau parfaite pour les débutants et les professionnels

Livre de données sur le tir sportif

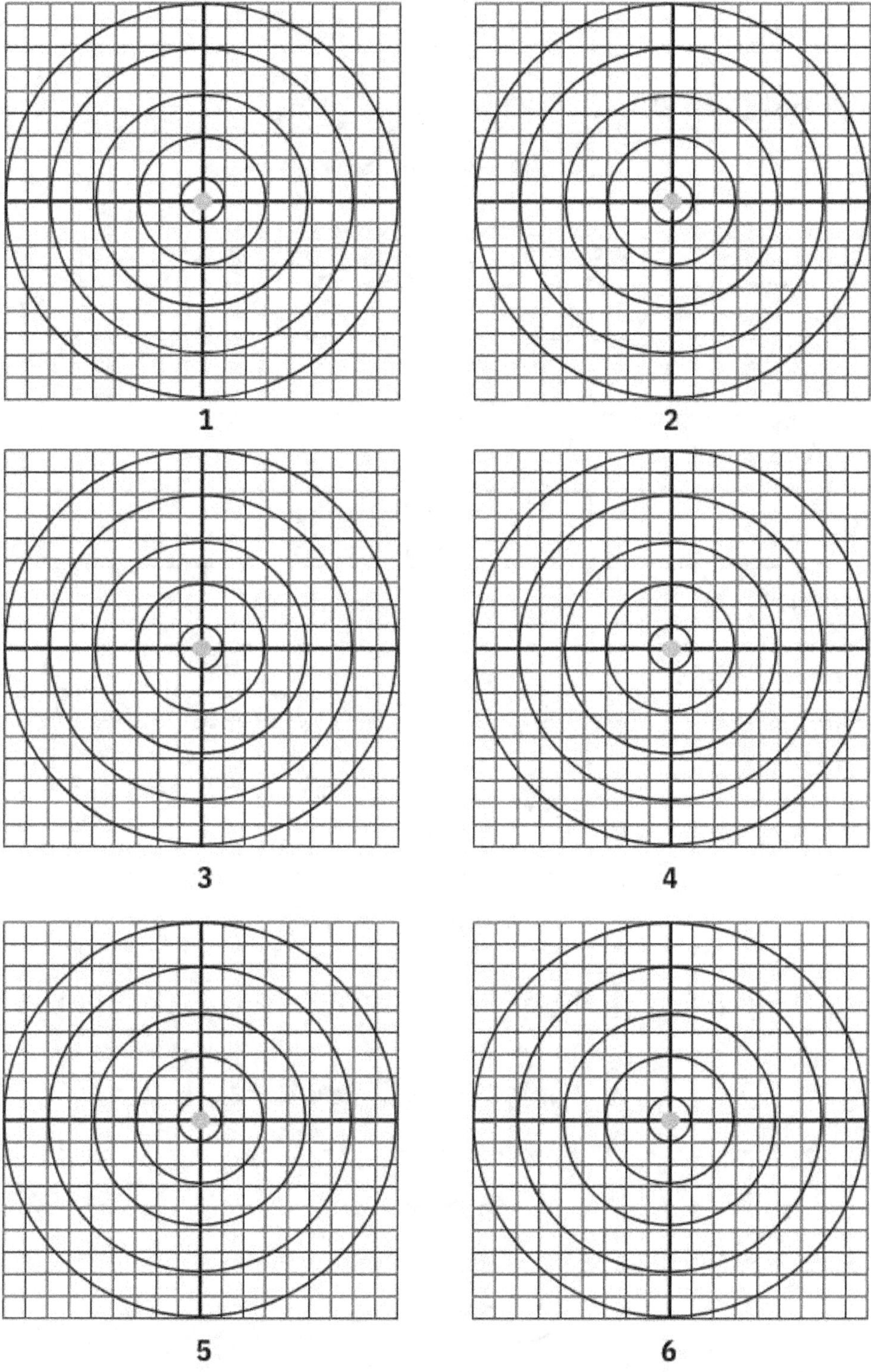

Une idée de cadeau parfaite pour les débutants et les professionnels

Livre de données sur le tir sportif

Date: _______________________   Temps: _________

Localisation: _______________________________

Conditions météorologiques

☐   ☐   ☐   ☐   ☐   ☐   ______   ______

Armes à feu:	
Balle:	Profondeur d'assise:
Poudre:	Céréales:
L'abécédaire:	
Laiton:	
Distance:	

Résultats globaux

☐ Mauvais   ☐ Juste   ☐ Bon   ☐ Excellent

Notes complémentaires

____

____

____

☆ ☆ ☆ ☆ ☆

Une idée de cadeau parfaite pour les débutants et les professionnels

Livre de données sur le tir sportif

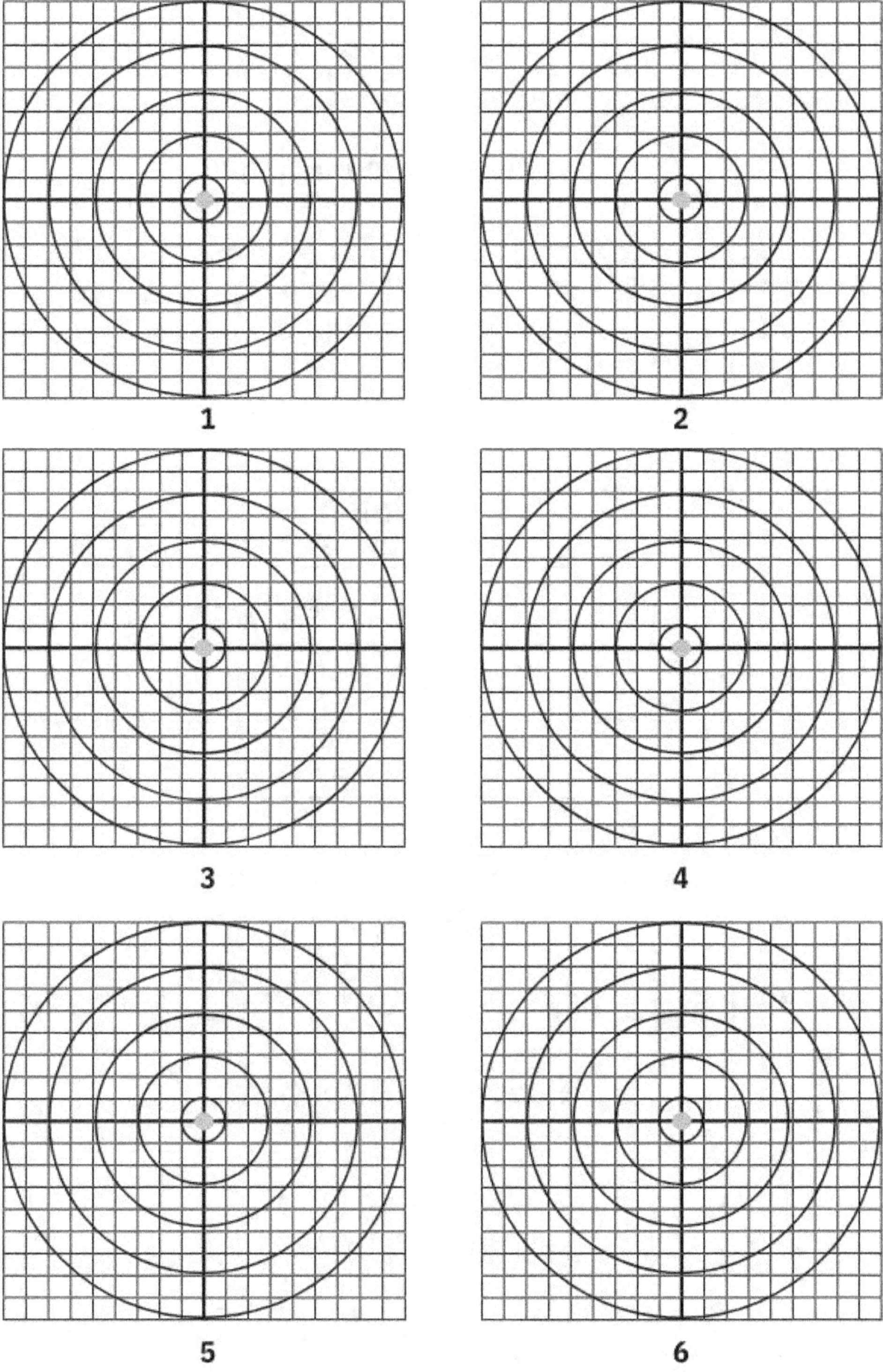

Une idée de cadeau parfaite pour les débutants et les professionnels

Livre de données sur le tir sportif

📅 Date: _________________________ 🕐 Temps: _________

📍 Localisation: _______________________________________

Conditions météorologiques

☀ ☁ ☁ ☁ ☁ ☁ ⚑ 🌡
☐ ☐ ☐ ☐ ☐ ☐ ___ ___

Armes à feu:	
Balle:	Profondeur d'assise:
Poudre:	Céréales:
L'abécédaire:	
Laiton:	
Distance:	

Résultats globaux

☐ Mauvais ☐ Juste ☐ Bon ☐ Excellent

Notes complémentaires

____

____

____

☆ ☆ ☆ ☆ ☆

Une idée de cadeau parfaite pour les débutants et les professionnels

Livre de données sur le tir sportif

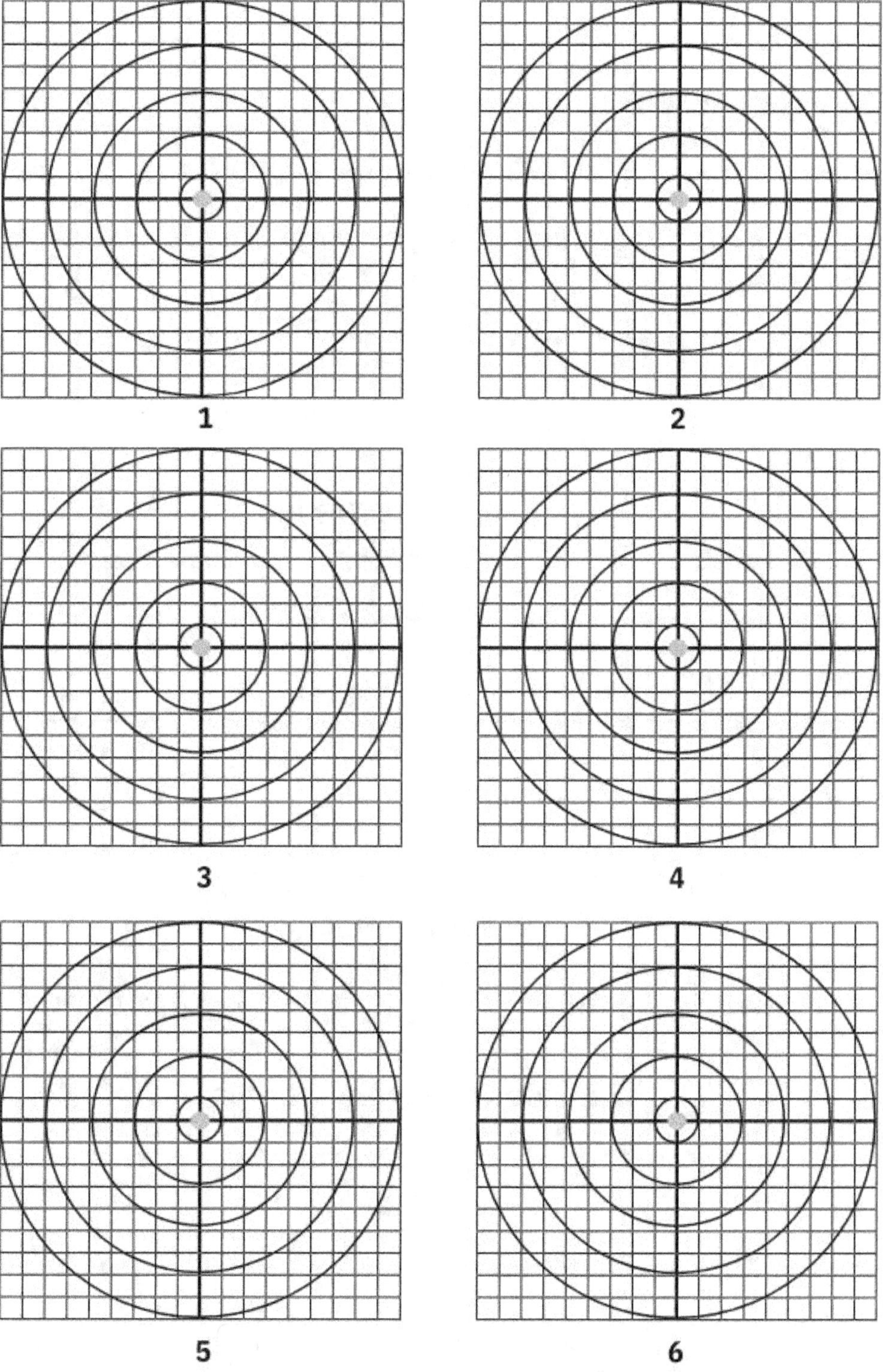

Une idée de cadeau parfaite pour les débutants et les professionnels

Livre de données sur le tir sportif

Date: _________________________   Temps: __________

Localisation: _______________________________________

Conditions météorologiques

Armes à feu:	
Balle:	Profondeur d'assise:
Poudre:	Céréales:
L'abécédaire:	
Laiton:	
Distance:	

Résultats globaux

☐ Mauvais   ☐ Juste   ☐ Bon   ☐ Excellent

Notes complémentaires

____

____

Une idée de cadeau parfaite pour les débutants et les professionnels

Livre de données sur le tir sportif

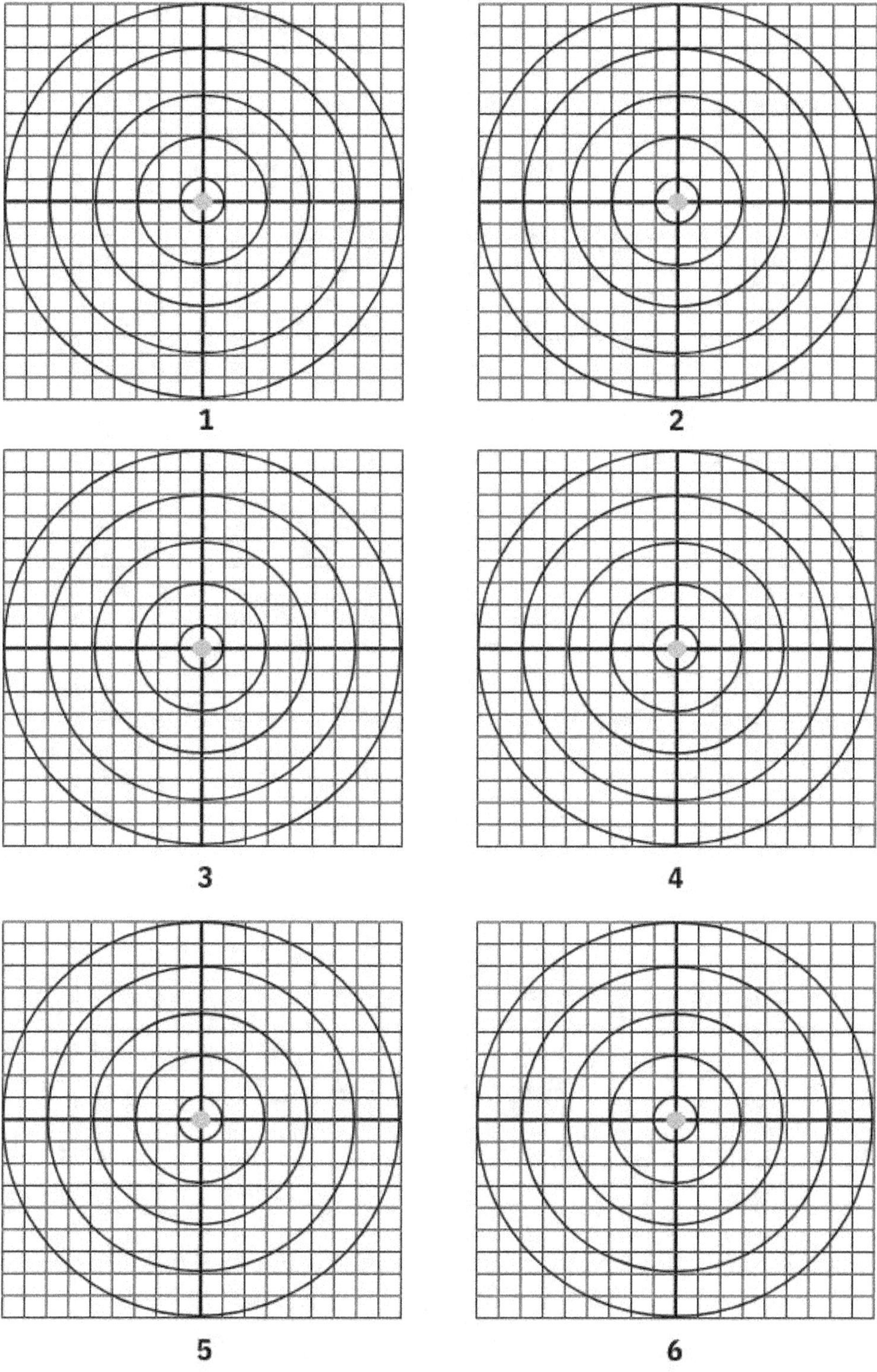

Une idée de cadeau parfaite pour les débutants et les professionnels

Livre de données sur le tir sportif

📅 Date: _________________________   🕐 Temps: __________

📍 Localisation: _______________________________________

Conditions météorologiques

☀ ☁ 🌤 🌦 🌧 🌨 🚩 🌡

☐   ☐   ☐   ☐   ☐   ☐   ____   ____

Armes à feu:	
Balle:	Profondeur d'assise:
Poudre:	Céréales:
L'abécédaire:	
Laiton:	
Distance:	

Résultats globaux

☐ Mauvais   ☐ Juste   ☐ Bon   ☐ Excellent

Notes complémentaires

____

____

____

☆ ☆ ☆ ☆ ☆

Une idée de cadeau parfaite pour les débutants et les professionnels

Livre de données sur le tir sportif

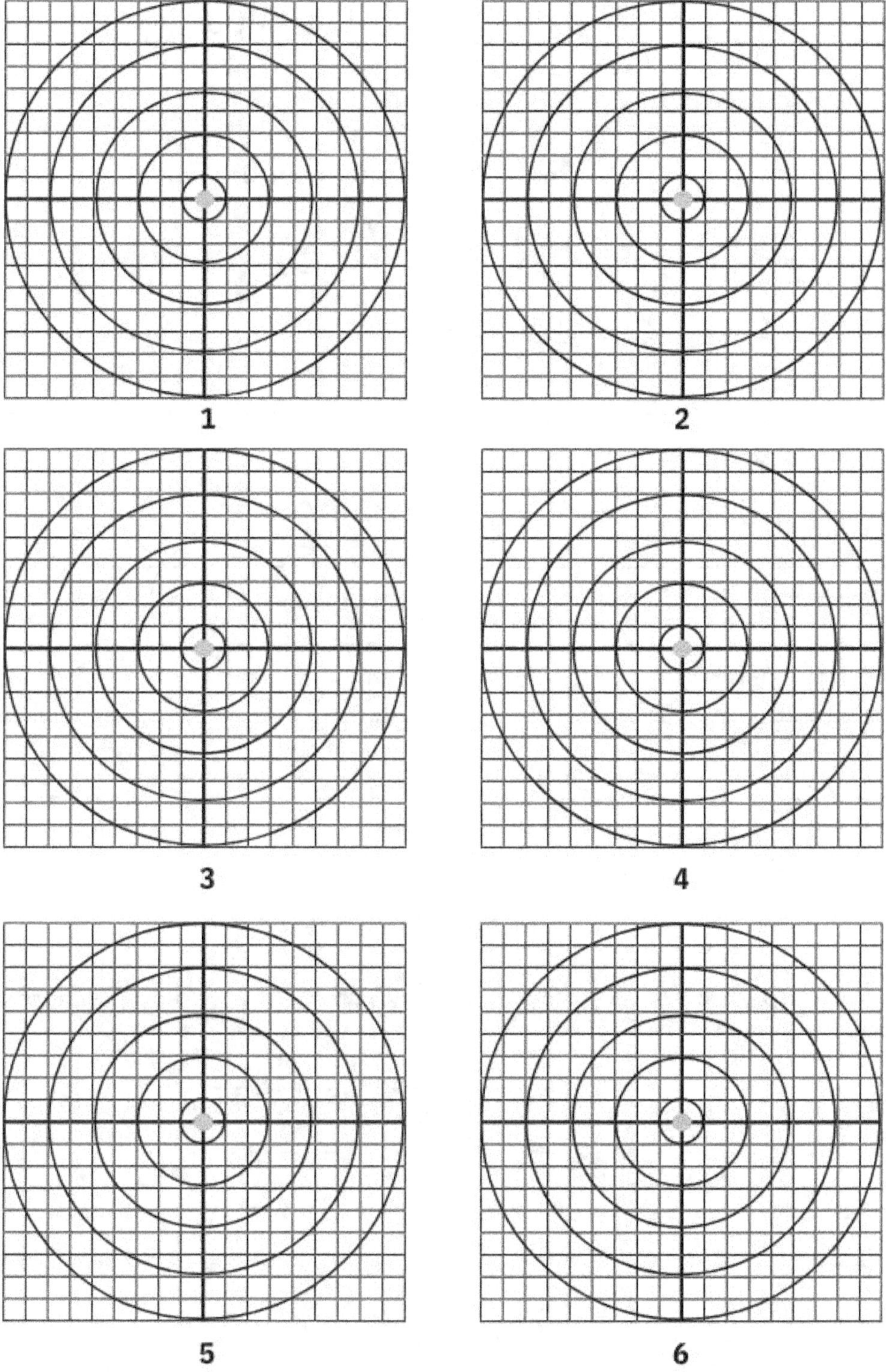

Une idée de cadeau parfaite pour les débutants et les professionnels

Livre de données sur le tir sportif

Date: ________________________   Temps: __________

Localisation: ______________________________________

Conditions météorologiques

☐   ☐   ☐   ☐   ☐   ☐   __________   __________

Armes à feu:	
Balle:	Profondeur d'assise:
Poudre:	Céréales:
L'abécédaire:	
Laiton:	
Distance:	

Résultats globaux

☐ Mauvais   ☐ Juste   ☐ Bon   ☐ Excellent

Notes complémentaires

____

____

____

☆ ☆ ☆ ☆ ☆

Une idée de cadeau parfaite pour les débutants et les professionnels

Livre de données sur le tir sportif

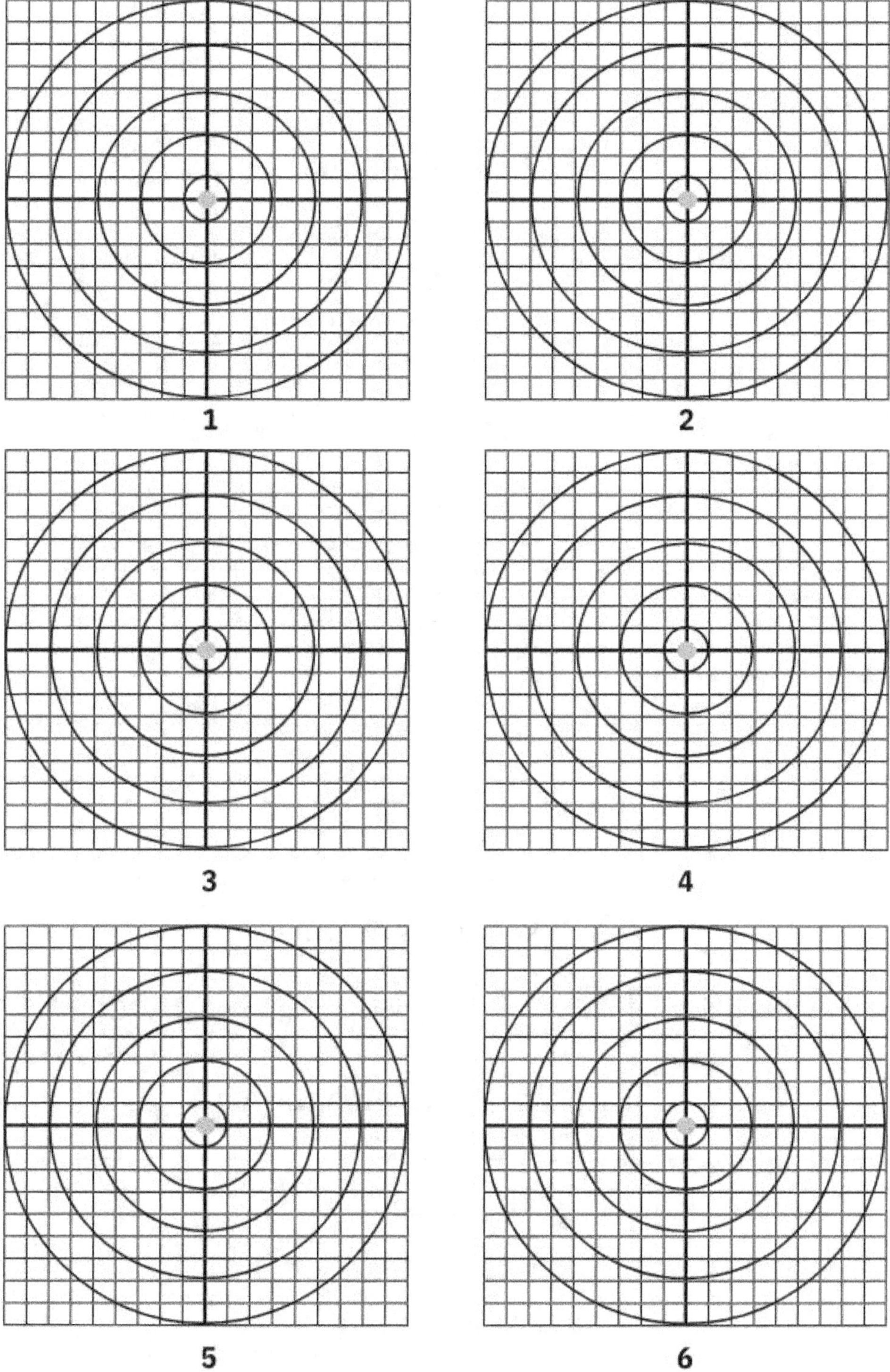

Une idée de cadeau parfaite pour les débutants et les professionnels

Livre de données sur le tir sportif

Date: _____________________   Temps: __________

Localisation: _______________________________

Conditions météorologiques

☐   ☐   ☐   ☐   ☐   ☐   _______   _______

Armes à feu:	
Balle:	Profondeur d'assise:
Poudre:	Céréales:
L'abécédaire:	
Laiton:	
Distance:	

Résultats globaux

☐ Mauvais   ☐ Juste   ☐ Bon   ☐ Excellent

Notes complémentaires

____

____

____

☆ ☆ ☆ ☆ ☆

Une idée de cadeau parfaite pour les débutants et les professionnels

Livre de données sur le tir sportif

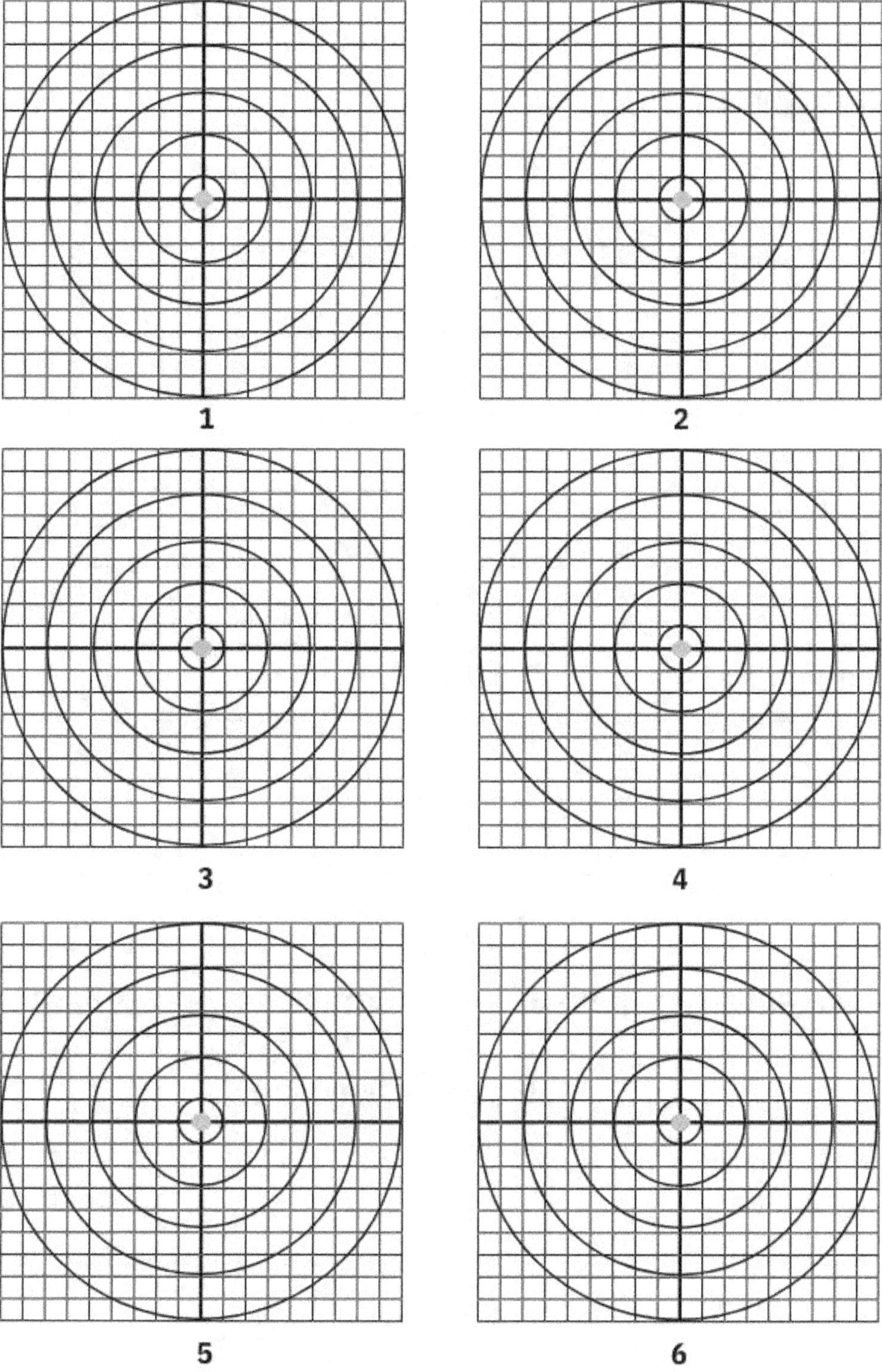

Une idée de cadeau parfaite pour les débutants et les professionnels

Livre de données sur le tir sportif

📅 Date: _________________________   🕐 Temps: _________

📍 Localisation: _________________________________

Conditions météorologiques

☀️ ☐   ⛅ ☐   🌤 ☐   🌦 ☐   🌧 ☐   🌨 ☐   🚩 _______   🌡 _______

Armes à feu:	
Balle:	Profondeur d'assise:
Poudre:	Céréales:
L'abécédaire:	
Laiton:	
Distance:	

Résultats globaux

☐ Mauvais   ☐ Juste   ☐ Bon   ☐ Excellent

Notes complémentaires

____

____

☆ ☆ ☆ ☆ ☆

Une idée de cadeau parfaite pour les débutants et les professionnels

Livre de données sur le tir sportif

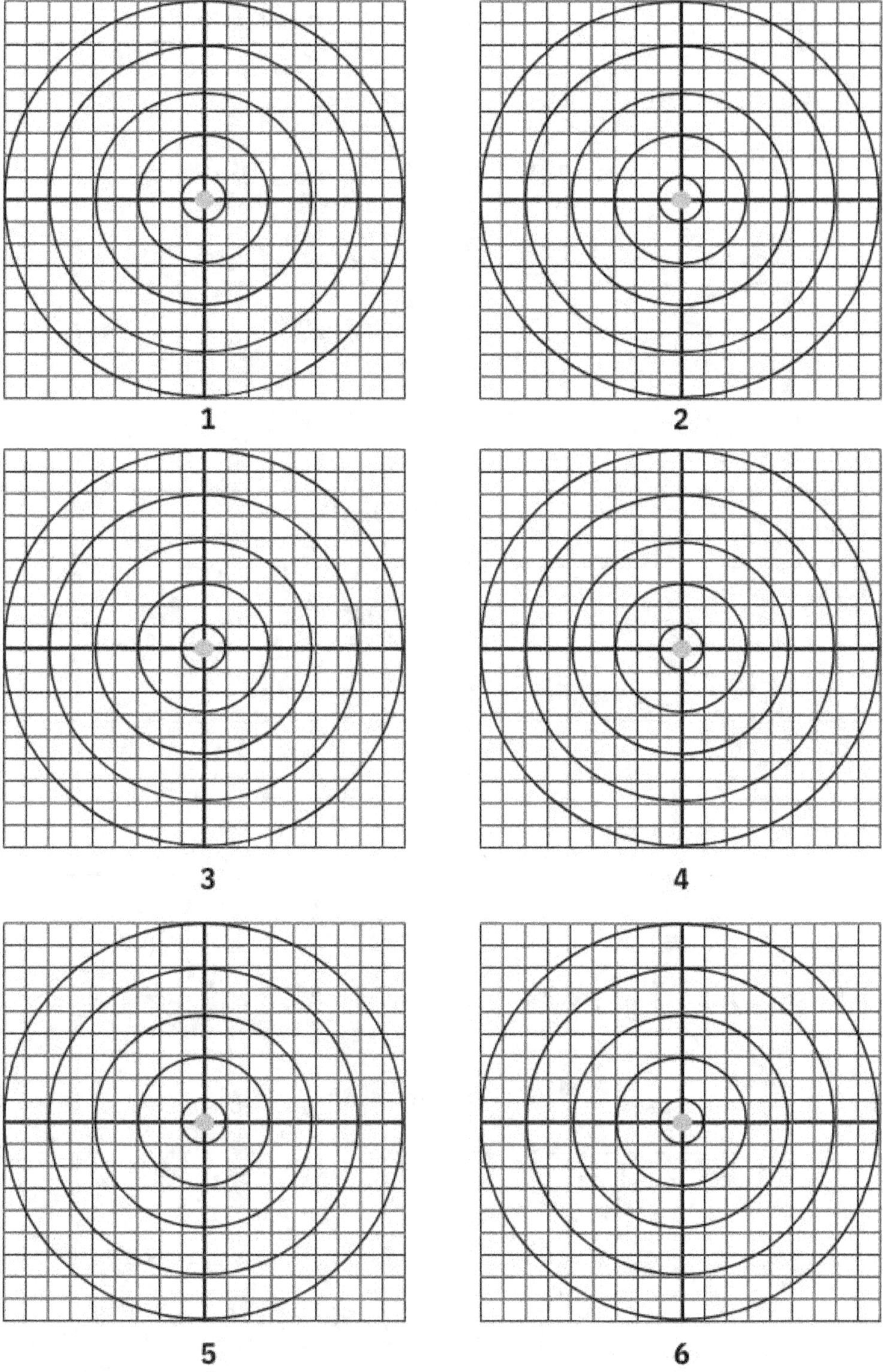

Une idée de cadeau parfaite pour les débutants et les professionnels

Livre de données sur le tir sportif

📅 Date: ___________________   🕐 Temps: __________

📍 Localisation: ________________________________

Conditions météorologiques

☐   ☐   ☐   ☐   ☐   ☐   _______   _______

Armes à feu:	
Balle:	Profondeur d'assise:
Poudre:	Céréales:
L'abécédaire:	
Laiton:	
Distance:	

Résultats globaux

☐ Mauvais   ☐ Juste   ☐ Bon   ☐ Excellent

Notes complémentaires

____

____

☆ ☆ ☆ ☆ ☆

Une idée de cadeau parfaite pour les débutants et les professionnels

Livre de données sur le tir sportif

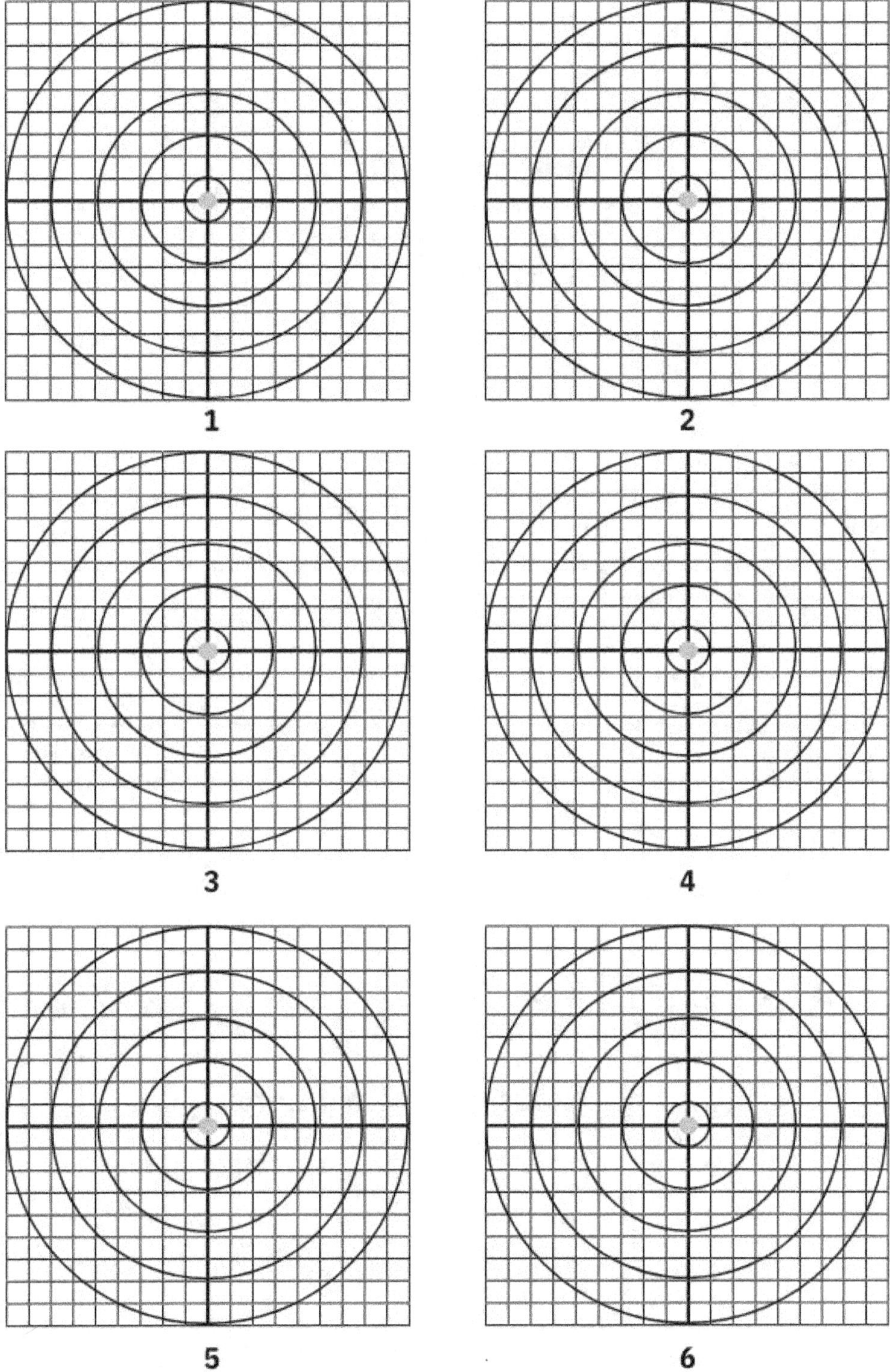

Une idée de cadeau parfaite pour les débutants et les professionnels

Livre de données sur le tir sportif

Date: ___________________   Temps: __________

Localisation: _______________________________

Conditions météorologiques

☐   ☐   ☐   ☐   ☐   ☐   _______   _______

Armes à feu:	
Balle:	Profondeur d'assise:
Poudre:	Céréales:
L'abécédaire:	
Laiton:	
Distance:	

Résultats globaux

☐ Mauvais   ☐ Juste   ☐ Bon   ☐ Excellent

Notes complémentaires

____

____

____

☆ ☆ ☆ ☆ ☆

Une idée de cadeau parfaite pour les débutants et les professionnels

Livre de données sur le tir sportif

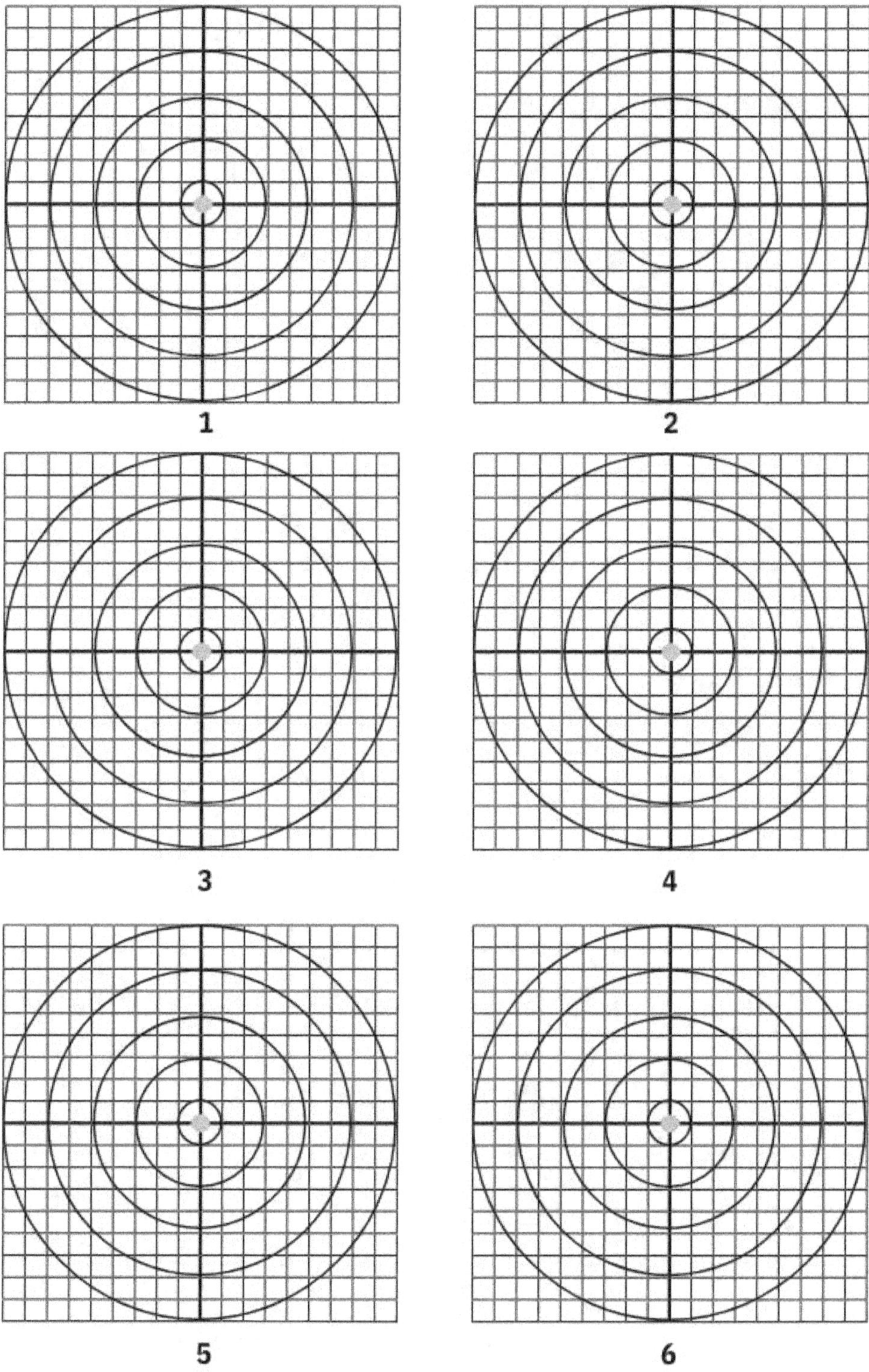

Une idée de cadeau parfaite pour les débutants et les professionnels

Livre de données sur le tir sportif

📅 Date: ________________________   🕐 Temps: __________

📍 Localisation: ____________________________________

Conditions météorologiques

☐   ☐   ☐   ☐   ☐   ☐   ______   ______

Armes à feu:	
Balle:	Profondeur d'assise:
Poudre:	Céréales:
L'abécédaire:	
Laiton:	
Distance:	

Résultats globaux

☐ Mauvais   ☐ Juste   ☐ Bon   ☐ Excellent

Notes complémentaires

____

____

____

☆ ☆ ☆ ☆ ☆

Une idée de cadeau parfaite pour les débutants et les professionnels

Livre de données sur le tir sportif

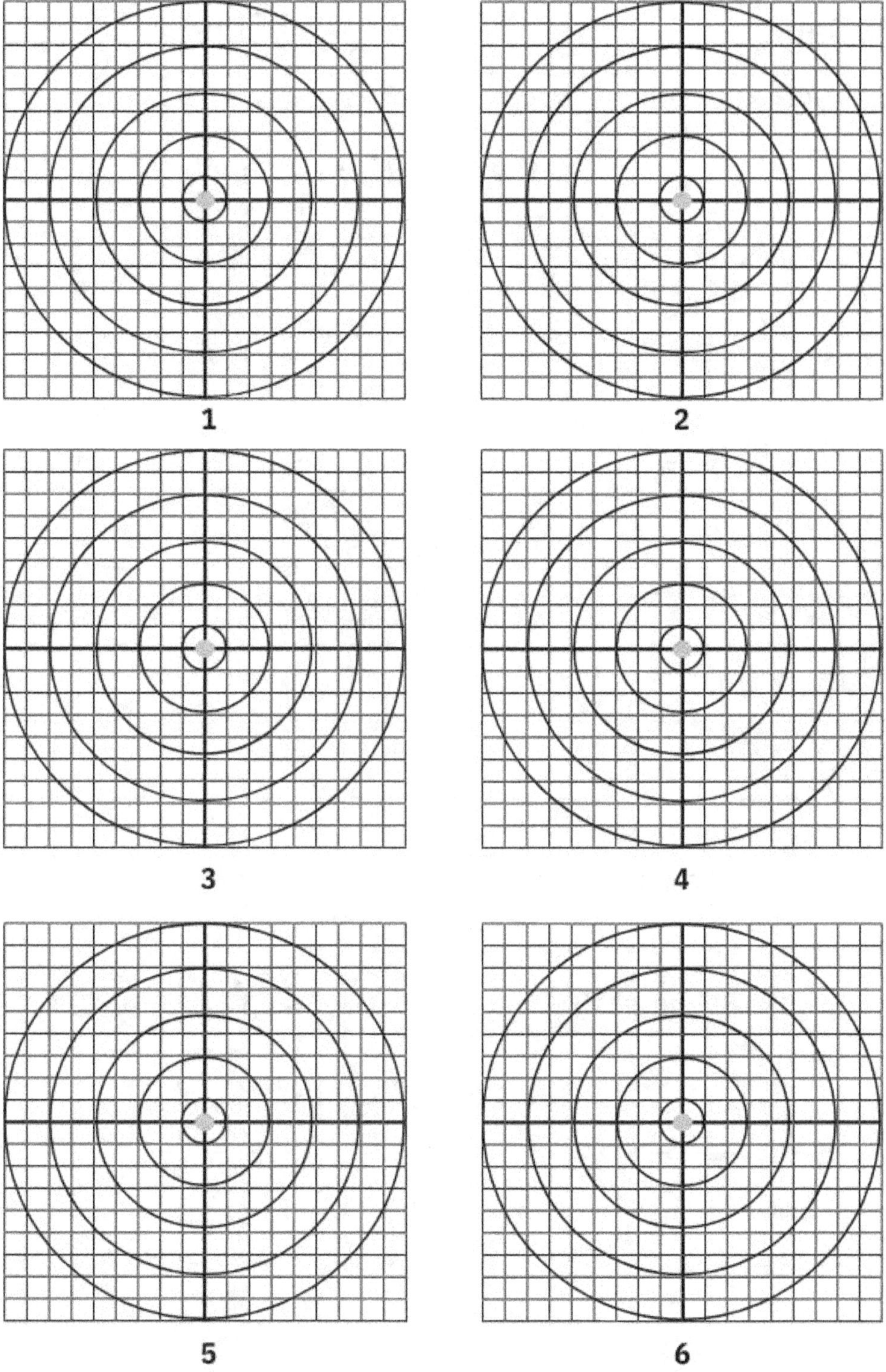

Une idée de cadeau parfaite pour les débutants et les professionnels

Livre de données sur le tir sportif

Date: ___________________ Temps: __________

Localisation: _________________________________

Conditions météorologiques

☐   ☐   ☐   ☐   ☐   ☐   _______   _______

Armes à feu:	
Balle:	Profondeur d'assise:
Poudre:	Céréales:
L'abécédaire:	
Laiton:	
Distance:	

Résultats globaux

☐ Mauvais   ☐ Juste   ☐ Bon   ☐ Excellent

Notes complémentaires

____

____

____

☆ ☆ ☆ ☆ ☆

Une idée de cadeau parfaite pour les débutants et les professionnels

Livre de données sur le tir sportif

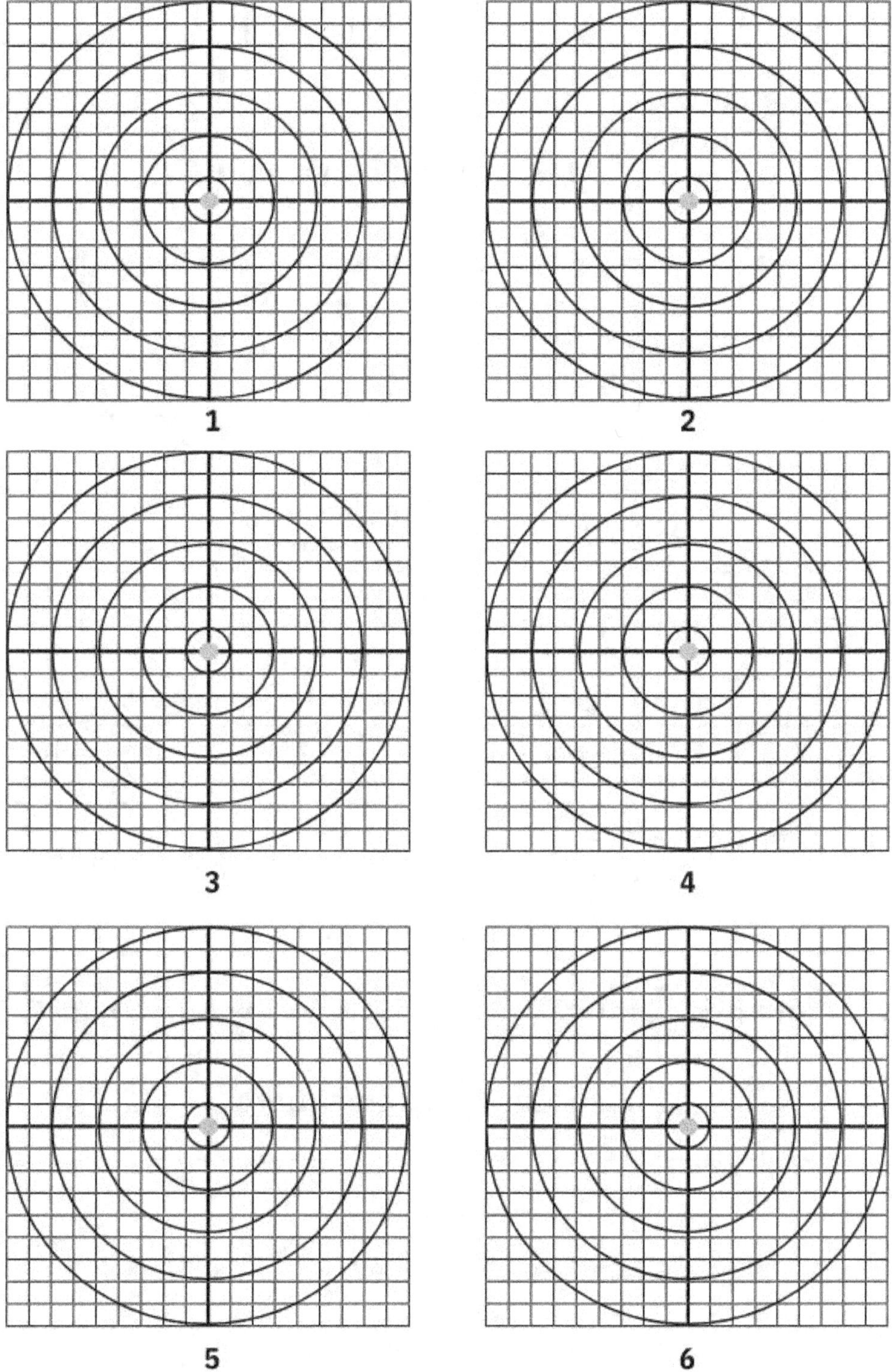

Une idée de cadeau parfaite pour les débutants et les professionnels

Livre de données sur le tir sportif

📅 Date: _________________________   🕐 Temps: __________

📍 Localisation: ____

Conditions météorologiques

☀ ☐   ⛅ ☐   🌤 ☐   🌧 ☐   🌧 ☐   🌨 ☐   🚩 ________   🌡 ________

Armes à feu:	
Balle:	Profondeur d'assise:
Poudre:	Céréales:
L'abécédaire:	
Laiton:	
Distance:	

Résultats globaux

☐ Mauvais   ☐ Juste   ☐ Bon   ☐ Excellent

Notes complémentaires

____

____

____

☆ ☆ ☆ ☆ ☆

Une idée de cadeau parfaite pour les débutants et les professionnels

Livre de données sur le tir sportif

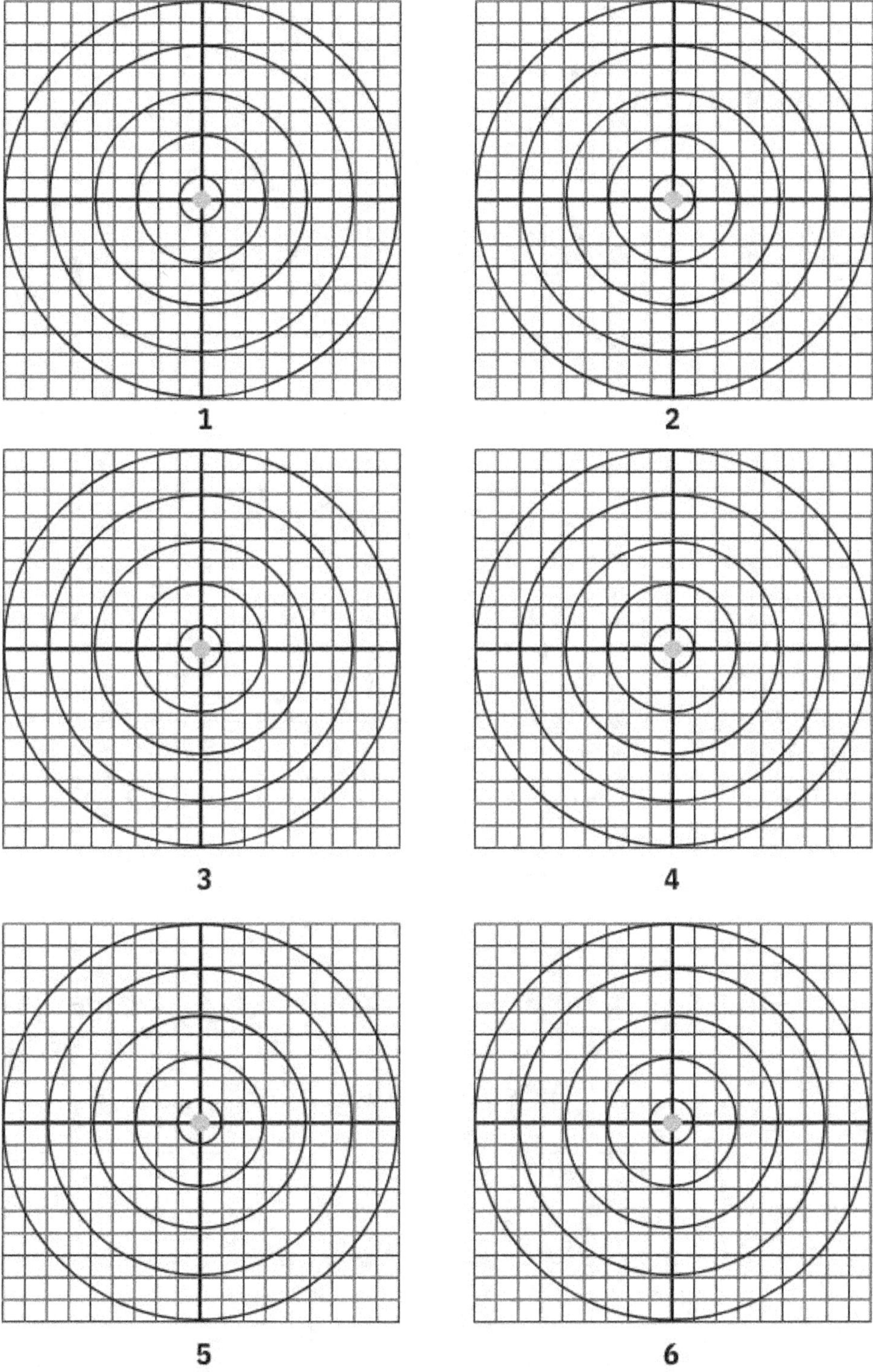

Une idée de cadeau parfaite pour les débutants et les professionnels

Livre de données sur le tir sportif

📅 Date: _______________________ 🕐 Temps: __________

📍 Localisation: _________________________________

Conditions météorologiques

☐　　☐　　☐　　☐　　☐　　☐

Armes à feu:	
Balle:	Profondeur d'assise:
Poudre:	Céréales:
L'abécédaire:	
Laiton:	
Distance:	

Résultats globaux

☐ Mauvais　　☐ Juste　　☐ Bon　　☐ Excellent

Notes complémentaires

____

____

____

☆ ☆ ☆ ☆ ☆

Livre de données sur le tir sportif

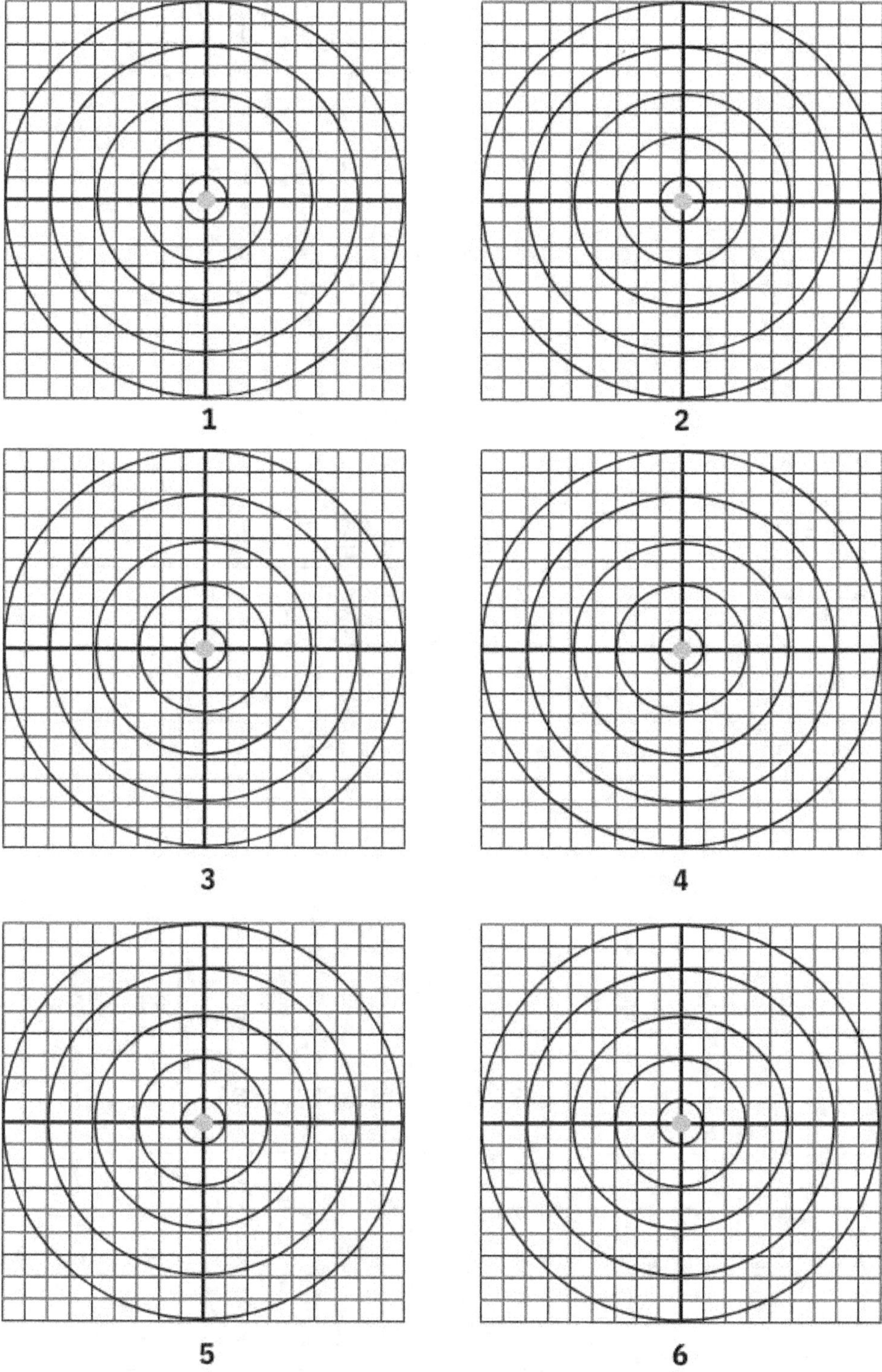

Une idée de cadeau parfaite pour les débutants et les professionnels

Livre de données sur le tir sportif

📅 Date: _________________________   🕐 Temps: __________

📍 Localisation: _______________________________________

Conditions météorologiques

☐ ☐ ☐ ☐ ☐ ☐ ______ ______

Armes à feu:	
Balle:	Profondeur d'assise:
Poudre:	Céréales:
L'abécédaire:	
Laiton:	
Distance:	

Résultats globaux

☐ Mauvais ☐ Juste ☐ Bon ☐ Excellent

Notes complémentaires

____

____

____

☆ ☆ ☆ ☆ ☆

Une idée de cadeau parfaite pour les débutants et les professionnels

Livre de données sur le tir sportif

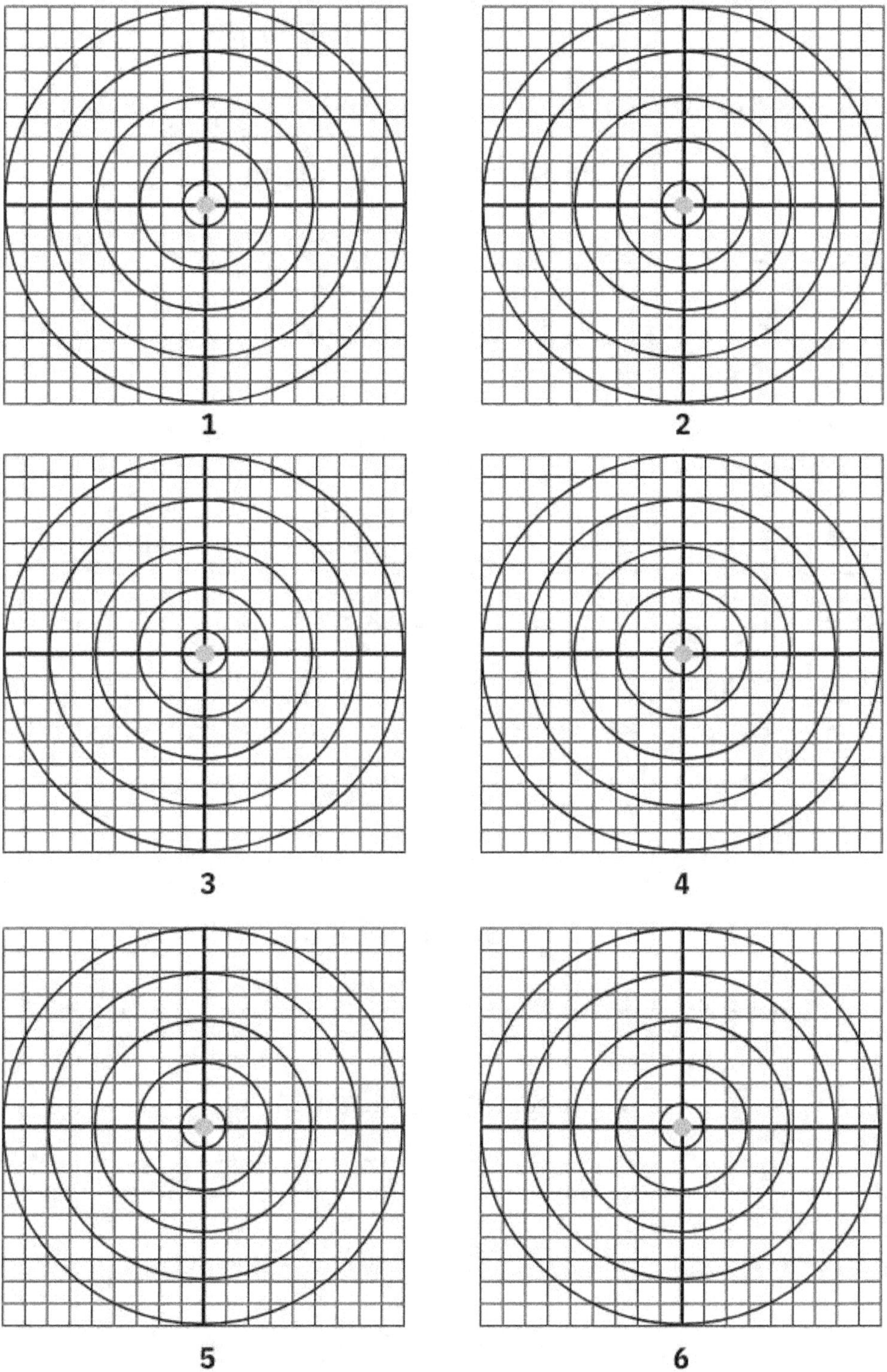

Une idée de cadeau parfaite pour les débutants et les professionnels

Livre de données sur le tir sportif

📅 Date: _______________________ 🕐 Temps: _________

📍 Localisation: _________________________________

Conditions météorologiques

☀ ☐   ⛅ ☐   🌥 ☐   🌧 ☐   🌧 ☐   🌨 ☐   🚩 _______   🌡 _______

Armes à feu:	
Balle:	Profondeur d'assise:
Poudre:	Céréales:
L'abécédaire:	
Laiton:	
Distance:	

Résultats globaux

☐ Mauvais   ☐ Juste   ☐ Bon   ☐ Excellent

Notes complémentaires

____

____

____

☆ ☆ ☆ ☆ ☆

Une idée de cadeau parfaite pour les débutants et les professionnels

Livre de données sur le tir sportif

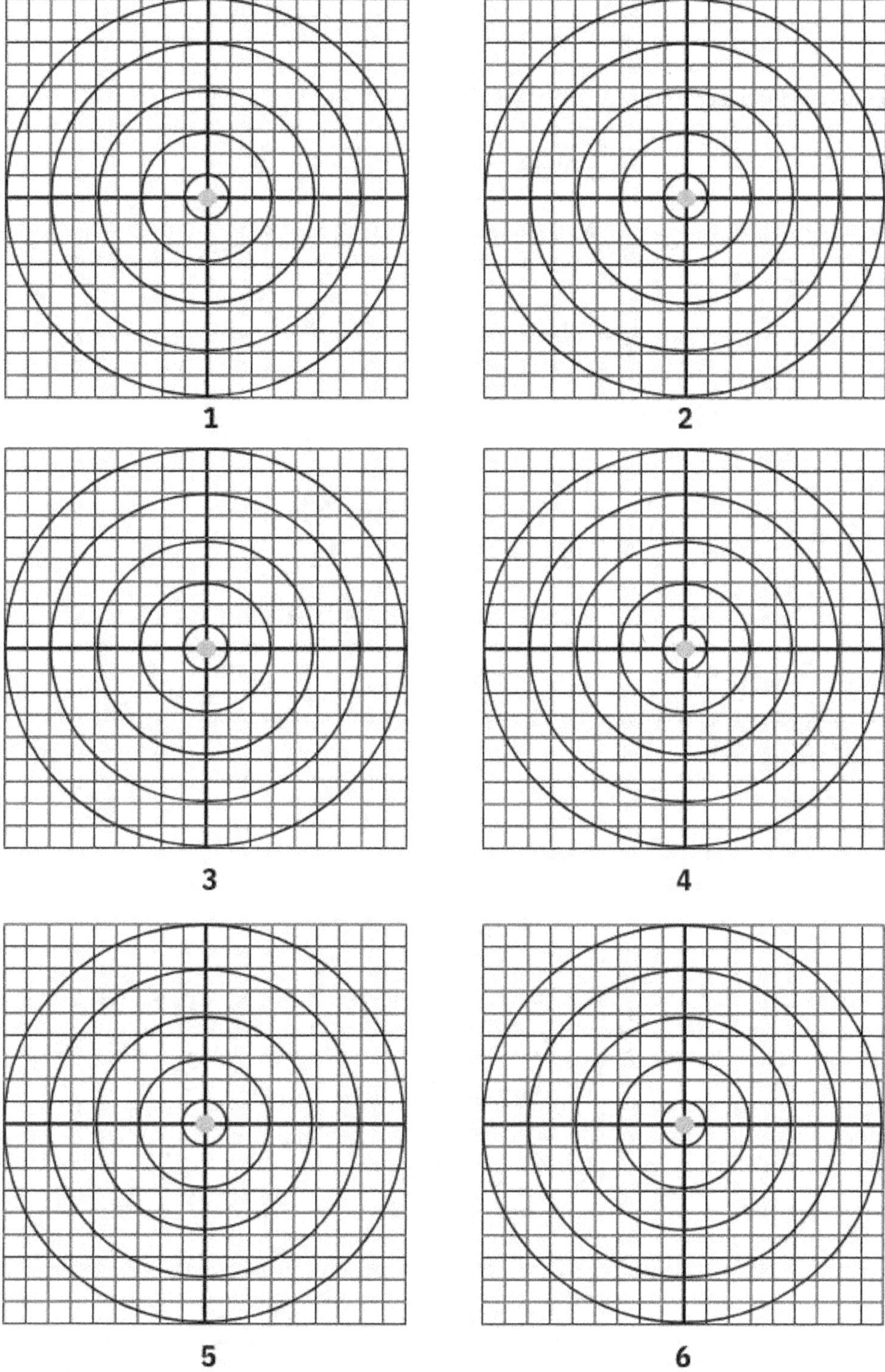

Une idée de cadeau parfaite pour les débutants et les professionnels

Livre de données sur le tir sportif

📅 Date: ______________________ 🕐 Temps: __________

📍 Localisation: ________________________________

Conditions météorologiques

☀ ☐ ⛅ ☐ 🌦 ☐ 🌧 ☐ ☁ ☐ 🌨 ☐ 🚩 ______ 🌡 ______

Armes à feu:	
Balle:	Profondeur d'assise:
Poudre:	Céréales:
L'abécédaire:	
Laiton:	
Distance:	

Résultats globaux

☐ Mauvais   ☐ Juste   ☐ Bon   ☐ Excellent

Notes complémentaires

____

____

____

☆ ☆ ☆ ☆ ☆

Une idée de cadeau parfaite pour les débutants et les professionnels

Livre de données sur le tir sportif

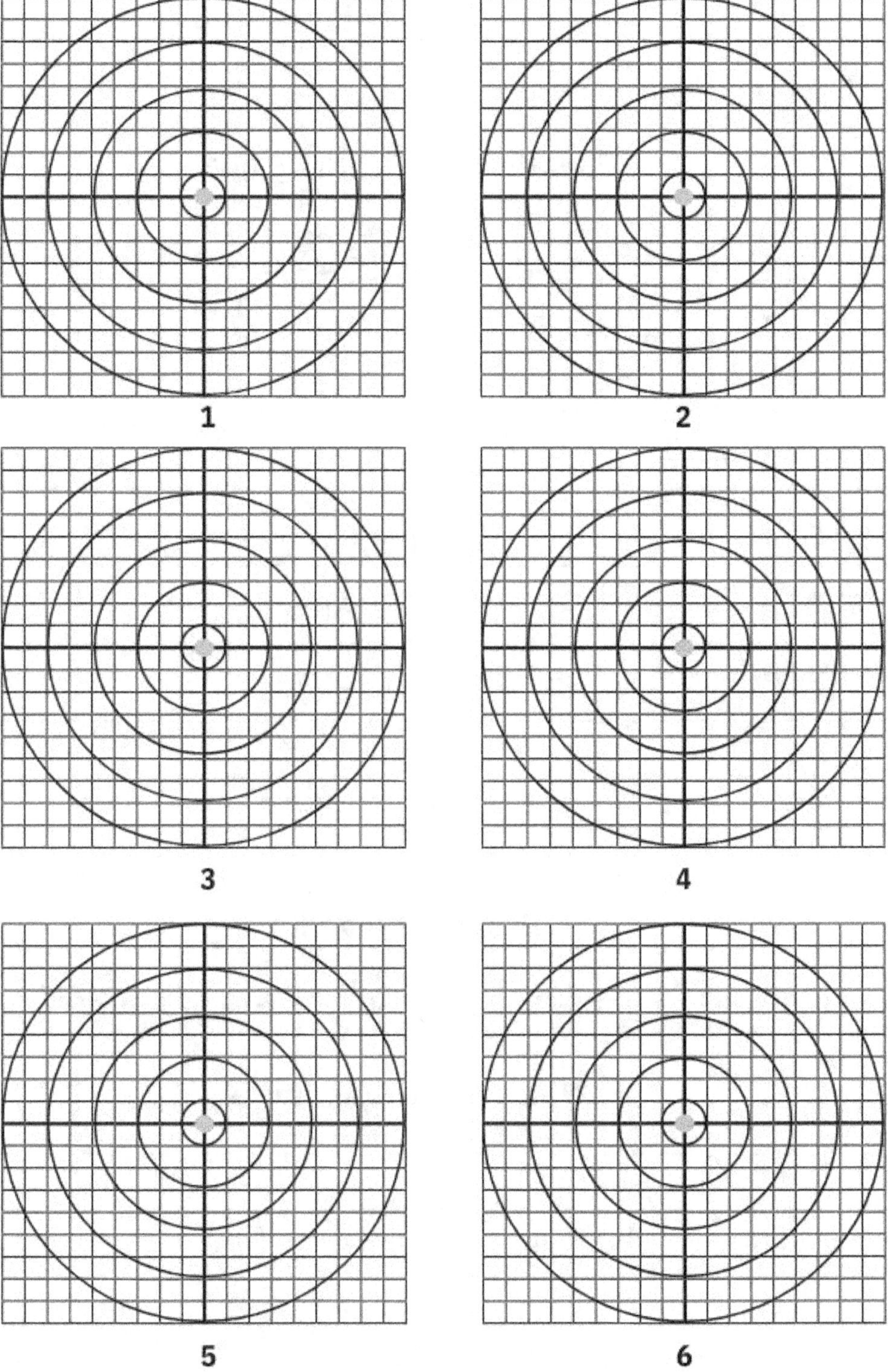

Une idée de cadeau parfaite pour les débutants et les professionnels

Livre de données sur le tir sportif

📅 Date: ________________________   🕐 Temps: __________

📍 Localisation: ____________________________________

Conditions météorologiques

☐ ☐ ☐ ☐ ☐ ☐ _______ _______

Armes à feu:	
Balle:	Profondeur d'assise:
Poudre:	Céréales:
L'abécédaire:	
Laiton:	
Distance:	

Résultats globaux

☐ Mauvais   ☐ Juste   ☐ Bon   ☐ Excellent

Notes complémentaires

____

____

____

☆ ☆ ☆ ☆ ☆

Une idée de cadeau parfaite pour les débutants et les professionnels

Livre de données sur le tir sportif

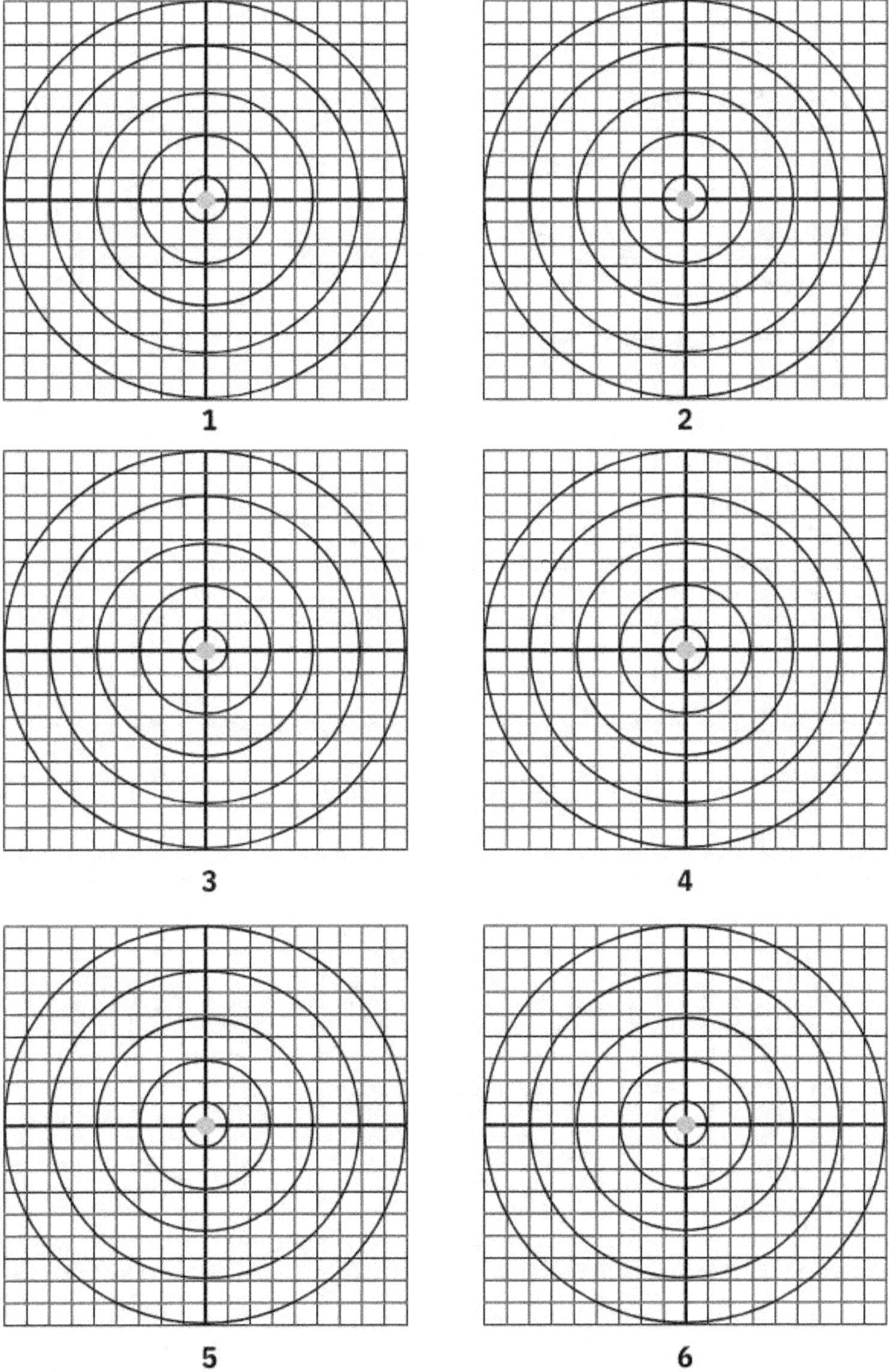

Une idée de cadeau parfaite pour les débutants et les professionnels

Livre de données sur le tir sportif

📅 Date: _______________________ 🕐 Temps: ___________

📍 Localisation: _________________________________

Conditions météorologiques

☀️ ☐   ⛅ ☐   🌤️ ☐   🌧️ ☐   🌧️ ☐   🌨️ ☐   🚩 _________   🌡️ _________

Armes à feu:	
Balle:	Profondeur d'assise:
Poudre:	Céréales:
L'abécédaire:	
Laiton:	
Distance:	

Résultats globaux

☐ Mauvais   ☐ Juste   ☐ Bon   ☐ Excellent

Notes complémentaires

____

____

☆ ☆ ☆ ☆ ☆

Une idée de cadeau parfaite pour les débutants et les professionnels

Livre de données sur le tir sportif

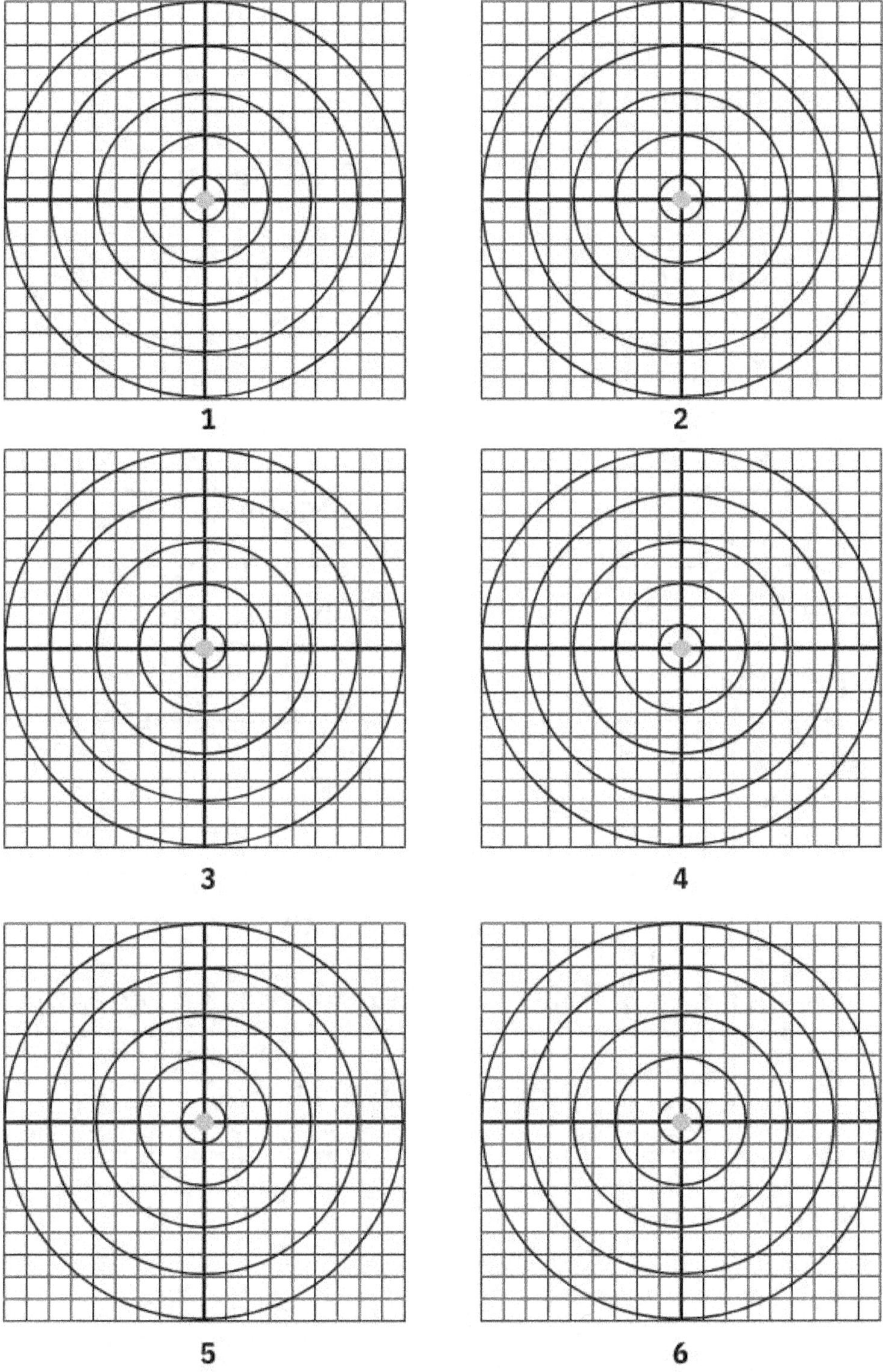

Une idée de cadeau parfaite pour les débutants et les professionnels

Livre de données sur le tir sportif

📅 Date: __________________ 🕐 Temps: __________

📍 Localisation: ________________________________

Conditions météorologiques

☀ ☐   ⛅ ☐   🌤 ☐   🌧 ☐   🌦 ☐   🌨 ☐   🚩 ____   🌡 ____

Armes à feu:	
Balle:	Profondeur d'assise:
Poudre:	Céréales:
L'abécédaire:	
Laiton:	
Distance:	

Résultats globaux

☐ Mauvais   ☐ Juste   ☐ Bon   ☐ Excellent

Notes complémentaires

____

____

____

☆ ☆ ☆ ☆ ☆

Une idée de cadeau parfaite pour les débutants et les professionnels

Livre de données sur le tir sportif

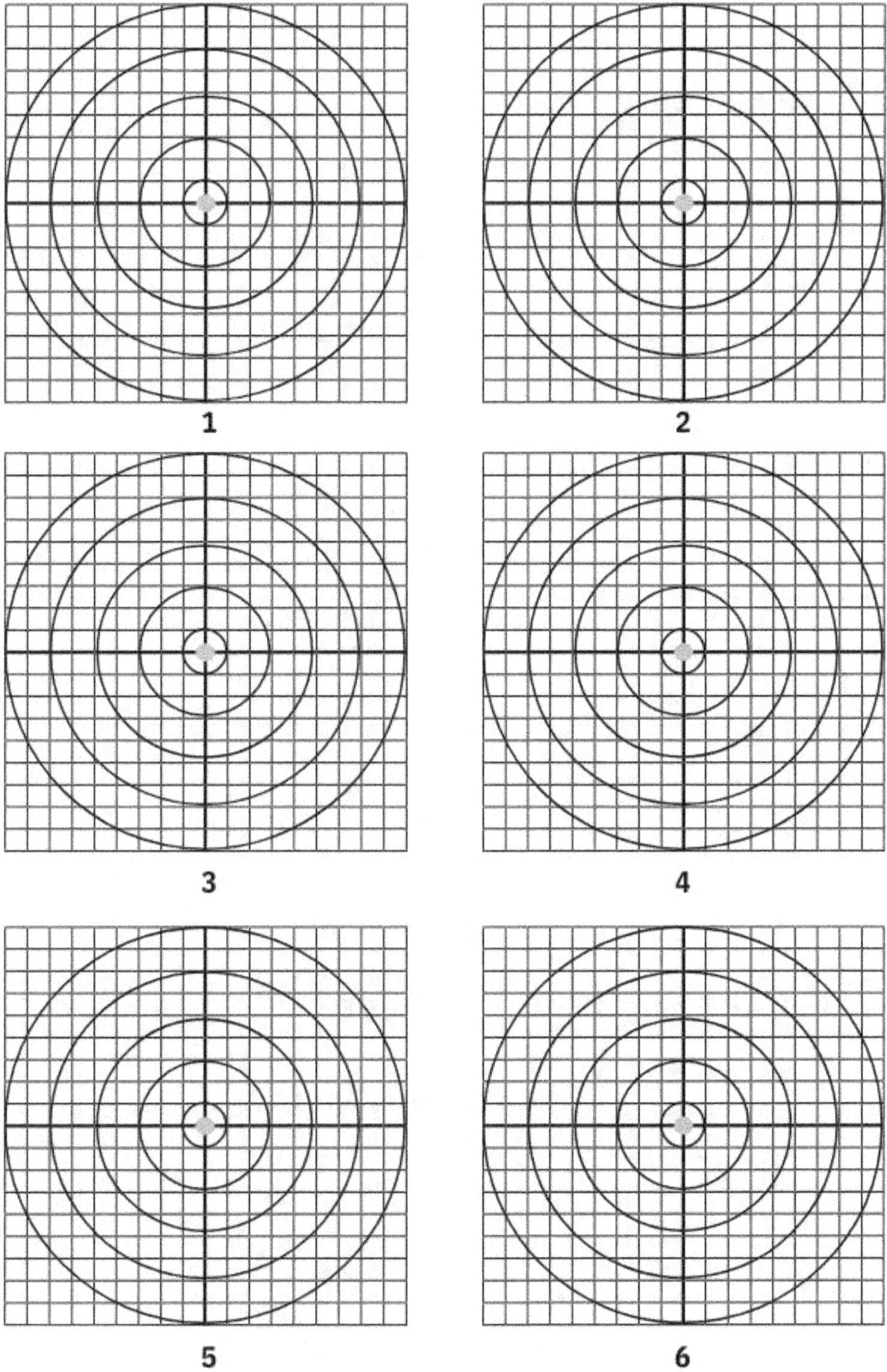

Une idée de cadeau parfaite pour les débutants et les professionnels

Livre de données sur le tir sportif

📅 Date: ________________________   🕐 Temps: __________

📍 Localisation: ____

Conditions météorologiques

☀ ☐   ⛅ ☐   🌤 ☐   🌧 ☐   🌧 ☐   🌨 ☐   ⚑ ______   🌡 ______

Armes à feu:	
Balle:	Profondeur d'assise:
Poudre:	Céréales:
L'abécédaire:	
Laiton:	
Distance:	

Résultats globaux

☐ Mauvais   ☐ Juste   ☐ Bon   ☐ Excellent

Notes complémentaires

____

____

____

☆ ☆ ☆ ☆ ☆

Une idée de cadeau parfaite pour les débutants et les professionnels

Livre de données sur le tir sportif

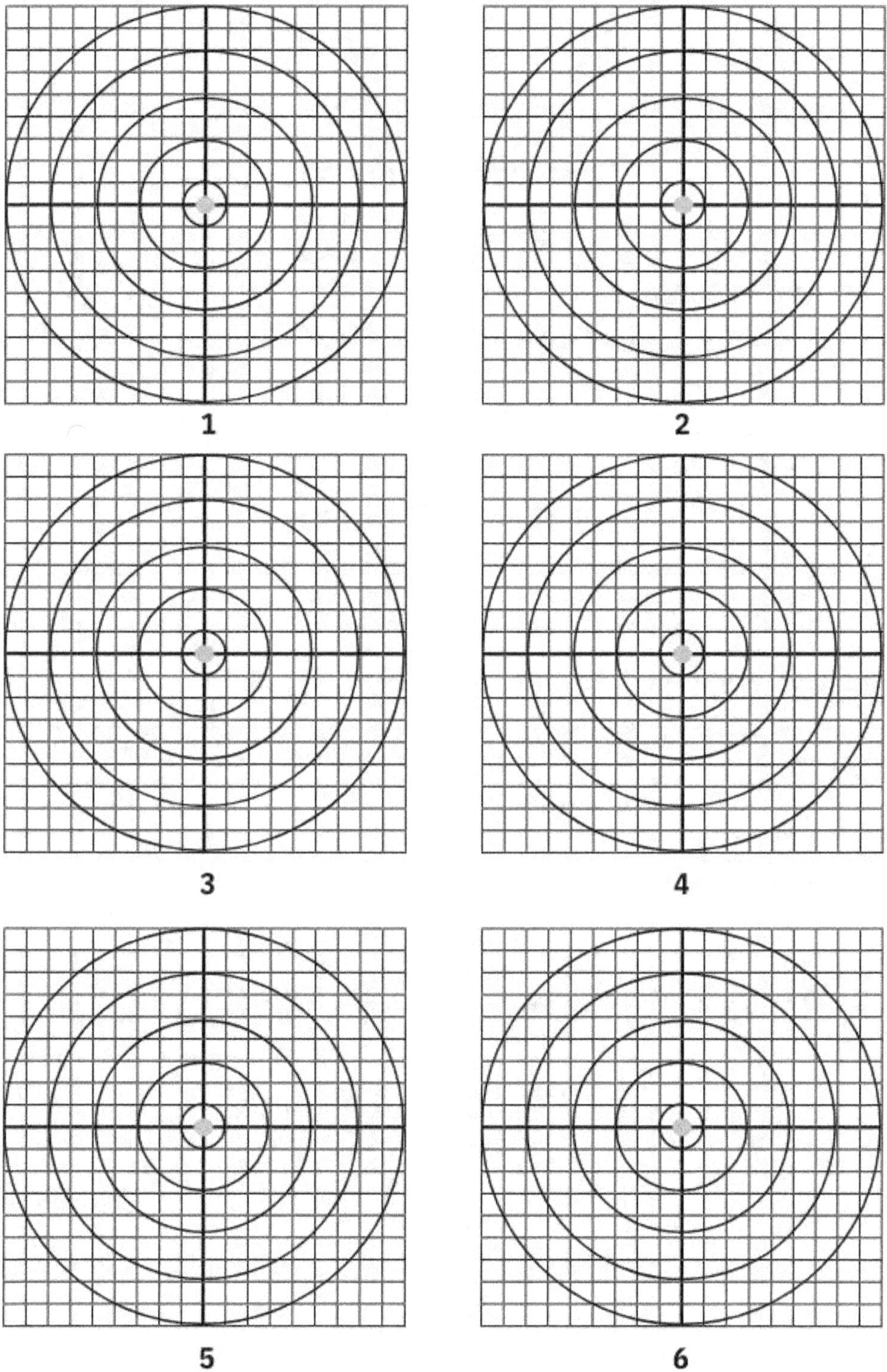

Une idée de cadeau parfaite pour les débutants et les professionnels

Livre de données sur le tir sportif

Date: _________________________   Temps: ___________

Localisation: _______________________________________

Conditions météorologiques

☐   ☐   ☐   ☐   ☐   ☐   _______   _______

Armes à feu:	
Balle:	Profondeur d'assise:
Poudre:	Céréales:
L'abécédaire:	
Laiton:	
Distance:	

Résultats globaux

☐ Mauvais   ☐ Juste   ☐ Bon   ☐ Excellent

Notes complémentaires

____

____

____

☆ ☆ ☆ ☆ ☆

Une idée de cadeau parfaite pour les débutants et les professionnels

Livre de données sur le tir sportif

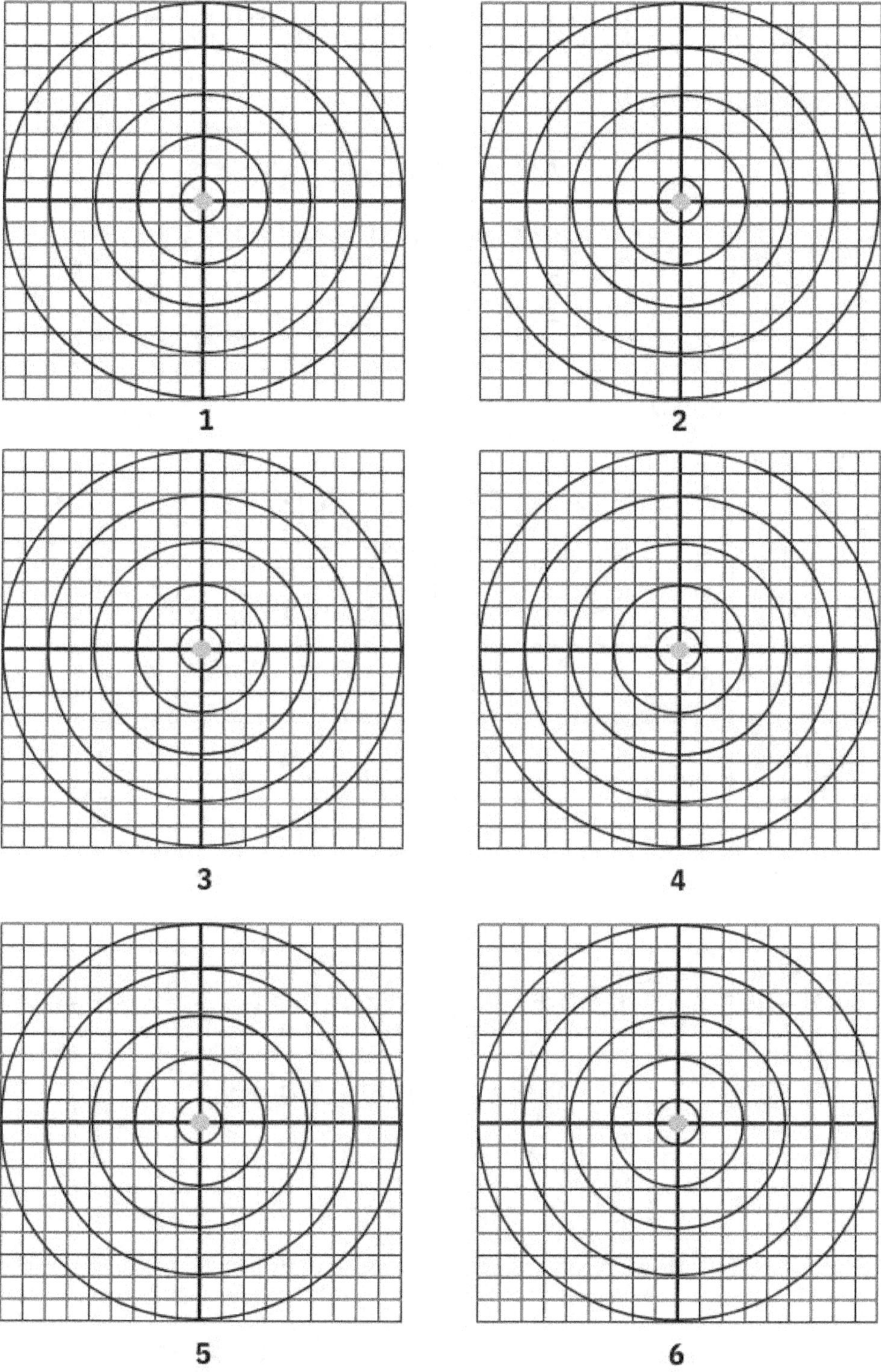

Une idée de cadeau parfaite pour les débutants et les professionnels

Livre de données sur le tir sportif

📅 Date: _________________ 🕐 Temps: __________

📍 Localisation: _____________________________

Conditions météorologiques

☀ ☐   ☁ ☐   🌤 ☐   ☁ ☐   🌧 ☐   🌨 ☐   🚩 _______   🌡 _______

Armes à feu:	
Balle:	Profondeur d'assise:
Poudre:	Céréales:
L'abécédaire:	
Laiton:	
Distance:	

Résultats globaux

☐ Mauvais   ☐ Juste   ☐ Bon   ☐ Excellent

Notes complémentaires

____

____

☆ ☆ ☆ ☆ ☆

Livre de données sur le tir sportif

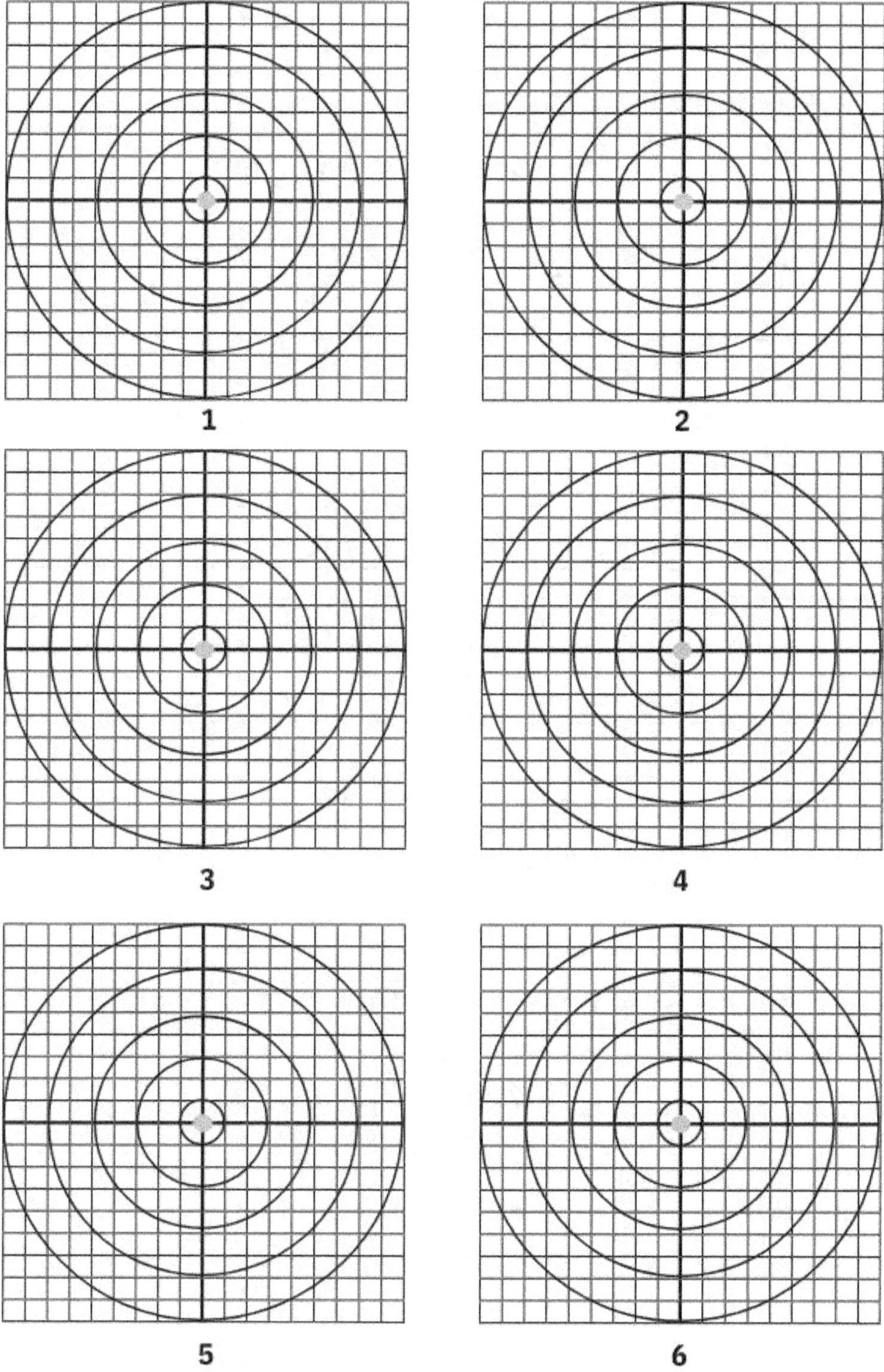

Une idée de cadeau parfaite pour les débutants et les professionnels

Livre de données sur le tir sportif

Date: _______________________   Temps: __________

Localisation: _________________________________

Conditions météorologiques

☐   ☐   ☐   ☐   ☐   ☐   _______   _______

Armes à feu:	
Balle:	Profondeur d'assise:
Poudre:	Céréales:
L'abécédaire:	
Laiton:	
Distance:	

Résultats globaux

☐ Mauvais   ☐ Juste   ☐ Bon   ☐ Excellent

Notes complémentaires

____

____

____

☆ ☆ ☆ ☆ ☆

Une idée de cadeau parfaite pour les débutants et les professionnels

Livre de données sur le tir sportif

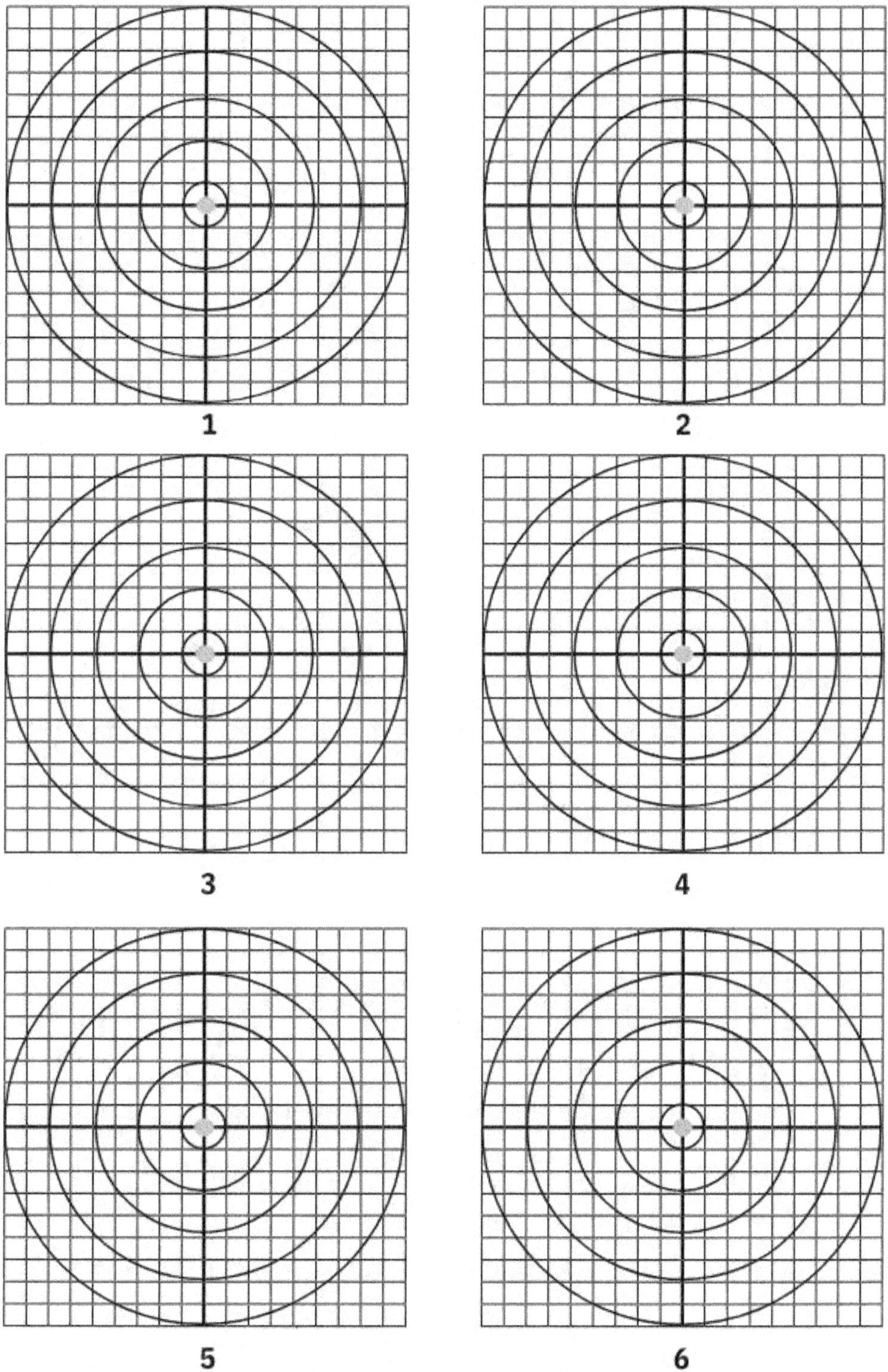

Une idée de cadeau parfaite pour les débutants et les professionnels

Livre de données sur le tir sportif

Date: _______________________   Temps: _________

Localisation: _______________________________

Conditions météorologiques

☐   ☐   ☐   ☐   ☐   ☐   ________   ________

Armes à feu:	
Balle:	Profondeur d'assise:
Poudre:	Céréales:
L'abécédaire:	
Laiton:	
Distance:	

Résultats globaux

☐ Mauvais   ☐ Juste   ☐ Bon   ☐ Excellent

Notes complémentaires

____

____

____

☆ ☆ ☆ ☆ ☆

Livre de données sur le tir sportif

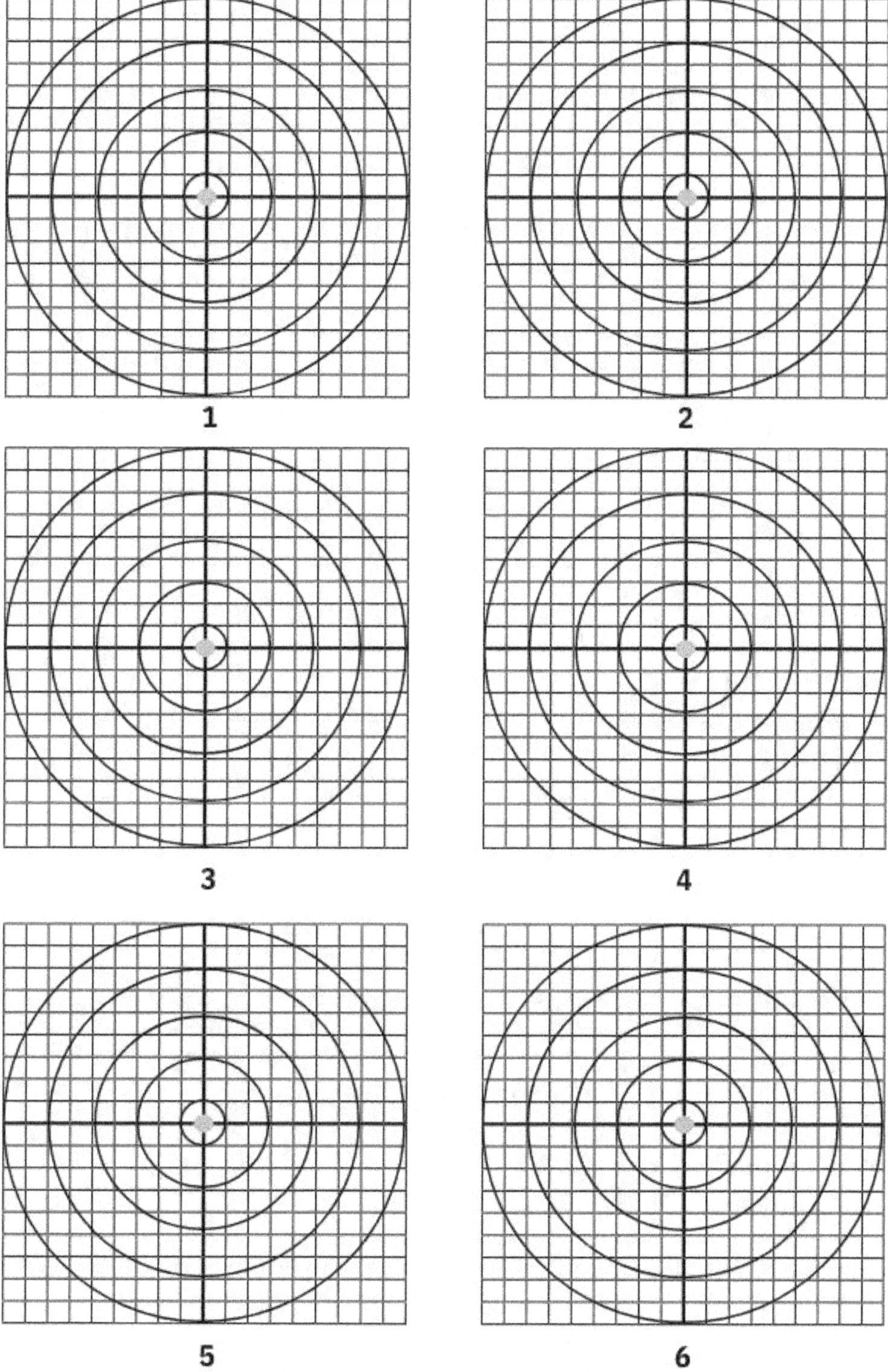

Une idée de cadeau parfaite pour les débutants et les professionnels

Livre de données sur le tir sportif

Date: _______________ Temps: _________

Localisation: ____________________________

Conditions météorologiques

☐   ☐   ☐   ☐   ☐   ☐   _______   _______

Armes à feu:	
Balle:	Profondeur d'assise:
Poudre:	Céréales:
L'abécédaire:	
Laiton:	
Distance:	

Résultats globaux

☐ Mauvais   ☐ Juste   ☐ Bon   ☐ Excellent

Notes complémentaires

____

____

☆ ☆ ☆ ☆ ☆

Une idée de cadeau parfaite pour les débutants et les professionnels

Livre de données sur le tir sportif

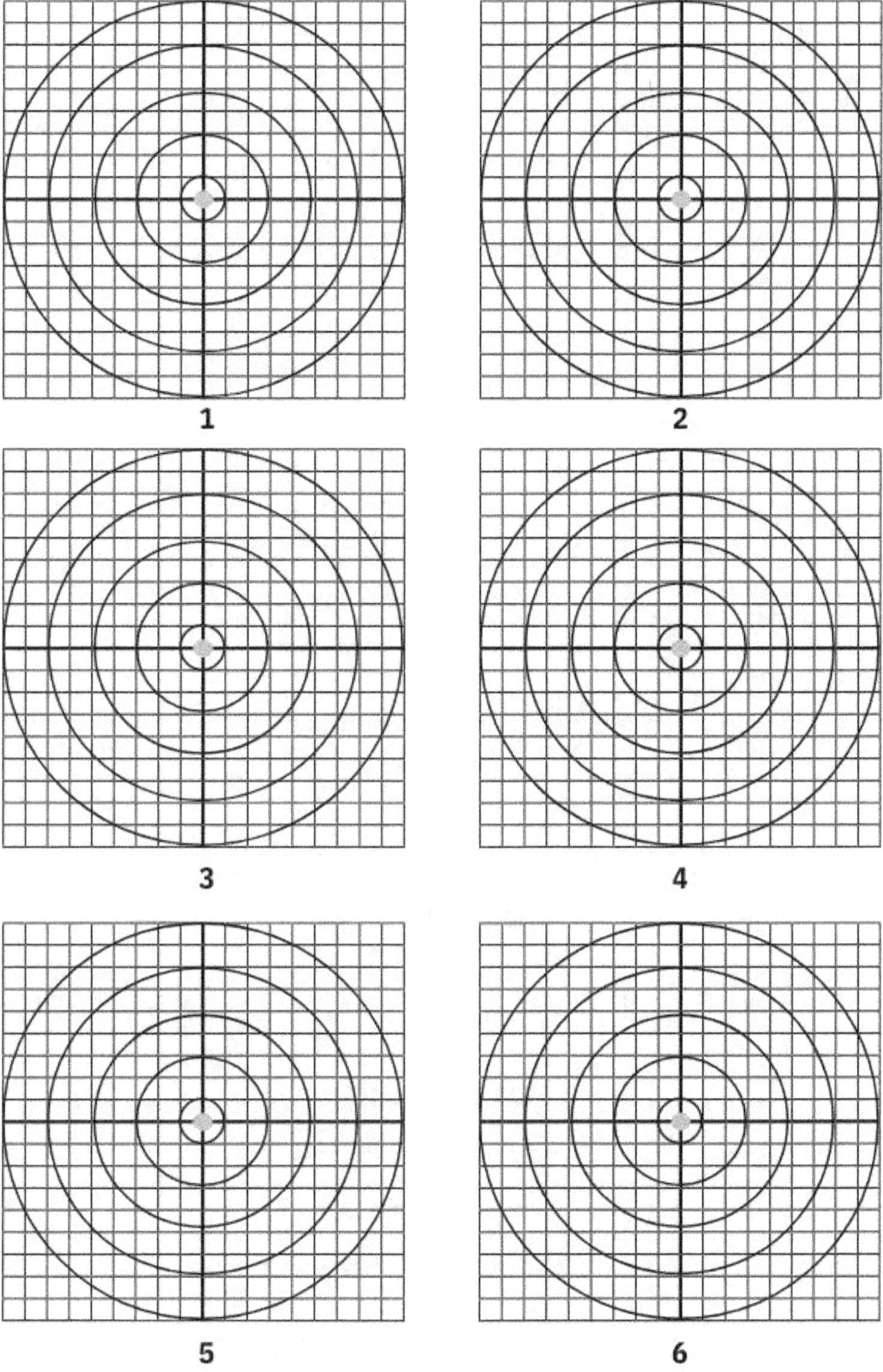

Une idée de cadeau parfaite pour les débutants et les professionnels

Livre de données sur le tir sportif

📅 Date: _______________________   🕐 Temps: __________

📍 Localisation: _______________________________

Conditions météorologiques

☐ ☐ ☐ ☐ ☐ ☐ _______   _______

Armes à feu:	
Balle:	Profondeur d'assise:
Poudre:	Céréales:
L'abécédaire:	
Laiton:	
Distance:	

Résultats globaux

☐ Mauvais   ☐ Juste   ☐ Bon   ☐ Excellent

Notes complémentaires

____

____

____

☆ ☆ ☆ ☆ ☆

Une idée de cadeau parfaite pour les débutants et les professionnels

Livre de données sur le tir sportif

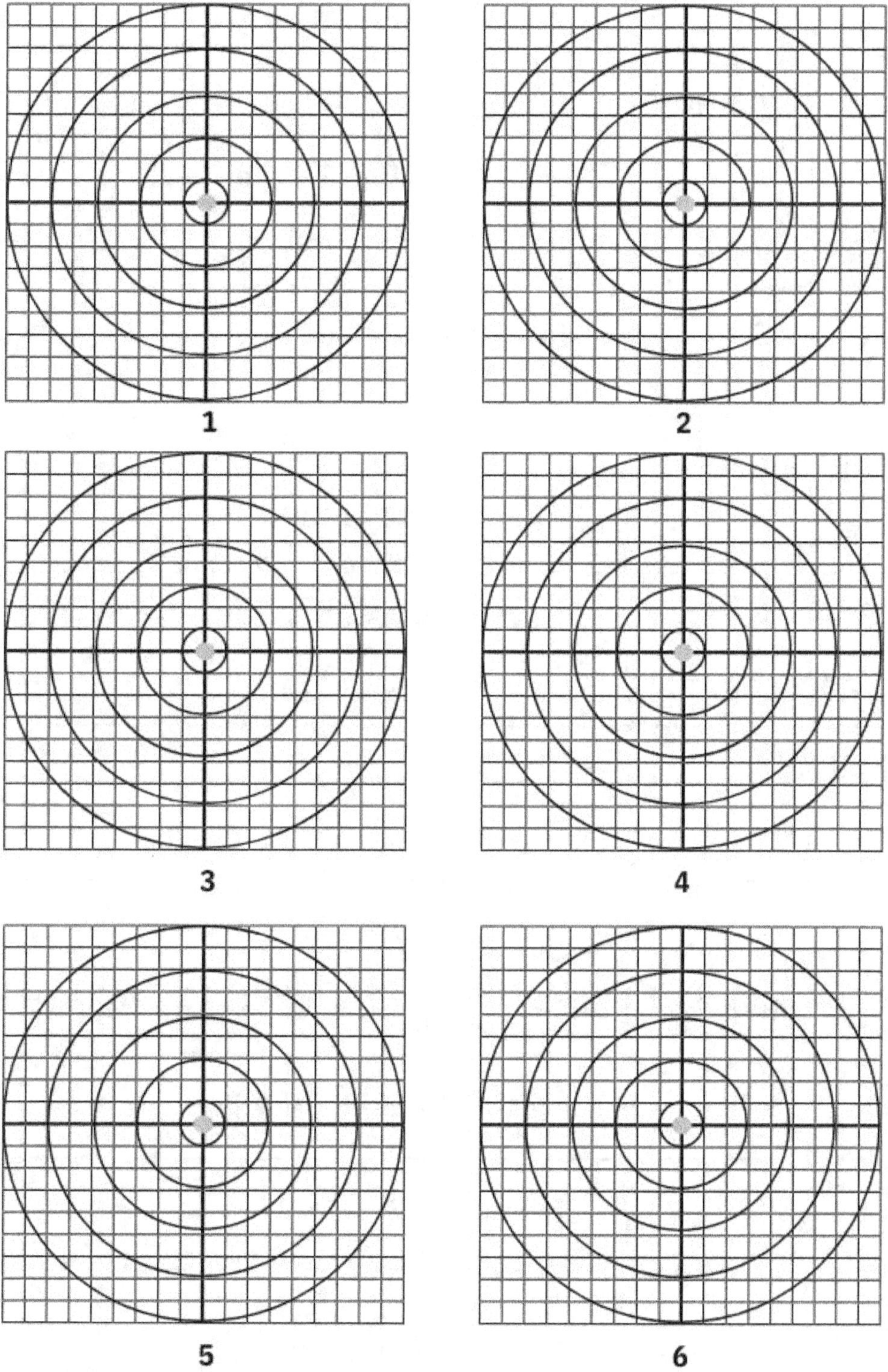

Une idée de cadeau parfaite pour les débutants et les professionnels

Livre de données sur le tir sportif

📅 Date: _________________________   🕐 Temps: __________

📍 Localisation: ____

Conditions météorologiques

☀ ☐   ⛅ ☐   🌥 ☐   🌦 ☐   🌧 ☐   🌨 ☐   🚩 ______   🌡 ______

Armes à feu:	
Balle:	Profondeur d'assise:
Poudre:	Céréales:
L'abécédaire:	
Laiton:	
Distance:	

Résultats globaux

☐ Mauvais   ☐ Juste   ☐ Bon   ☐ Excellent

Notes complémentaires

____

____

____

☆ ☆ ☆ ☆ ☆

Une idée de cadeau parfaite pour les débutants et les professionnels

Livre de données sur le tir sportif

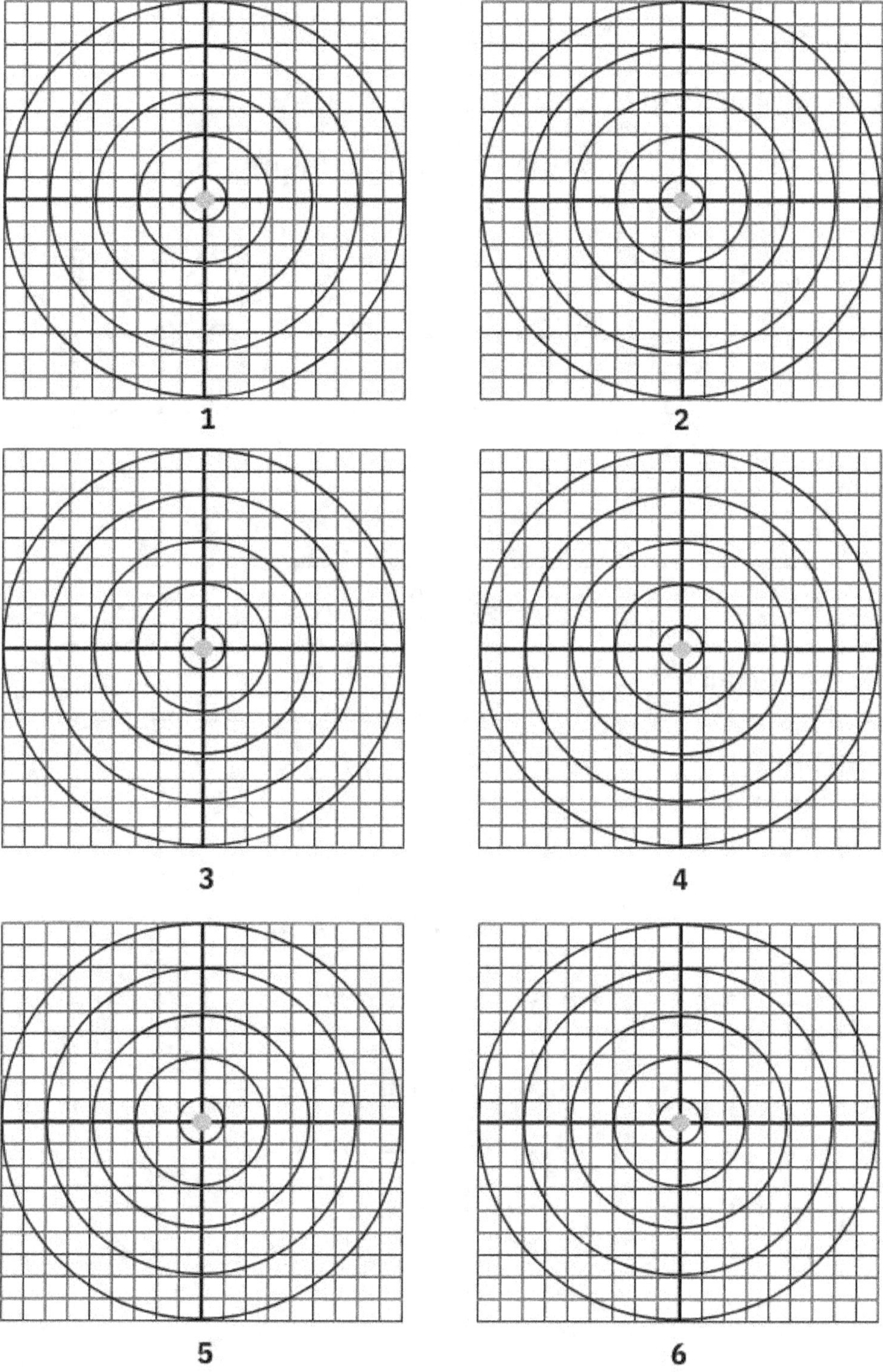

Une idée de cadeau parfaite pour les débutants et les professionnels

Livre de données sur le tir sportif

Date: ________________   Temps: __________

Localisation: ____________________________

Conditions météorologiques

☐   ☐   ☐   ☐   ☐   ☐   _______   _______

Armes à feu:	
Balle:	Profondeur d'assise:
Poudre:	Céréales:
L'abécédaire:	
Laiton:	
Distance:	

Résultats globaux

☐ Mauvais ☐ Juste ☐ Bon ☐ Excellent

Notes complémentaires

____

____

____

☆ ☆ ☆ ☆ ☆

Une idée de cadeau parfaite pour les débutants et les professionnels

Livre de données sur le tir sportif

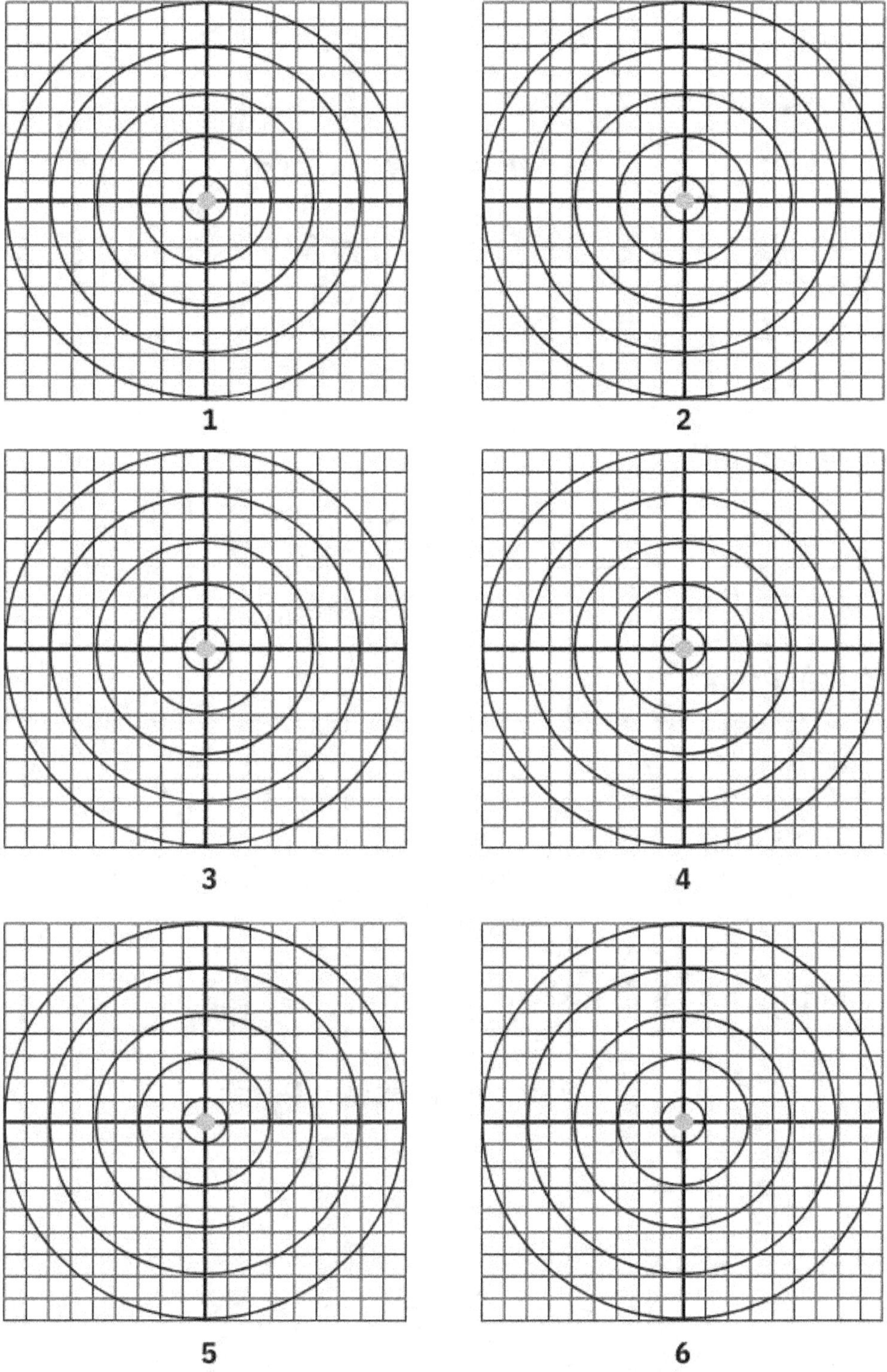

Une idée de cadeau parfaite pour les débutants et les professionnels

Livre de données sur le tir sportif

📅 Date: _____________________   🕐 Temps: _________

📍 Localisation: _______________________________

Conditions météorologiques

☐   ☐   ☐   ☐   ☐   ☐   _____   _____

Armes à feu:	
Balle:	Profondeur d'assise:
Poudre:	Céréales:
L'abécédaire:	
Laiton:	
Distance:	

Résultats globaux

☐ Mauvais   ☐ Juste   ☐ Bon   ☐ Excellent

Notes complémentaires

____

____

____

☆ ☆ ☆ ☆ ☆

Une idée de cadeau parfaite pour les débutants et les professionnels

Livre de données sur le tir sportif

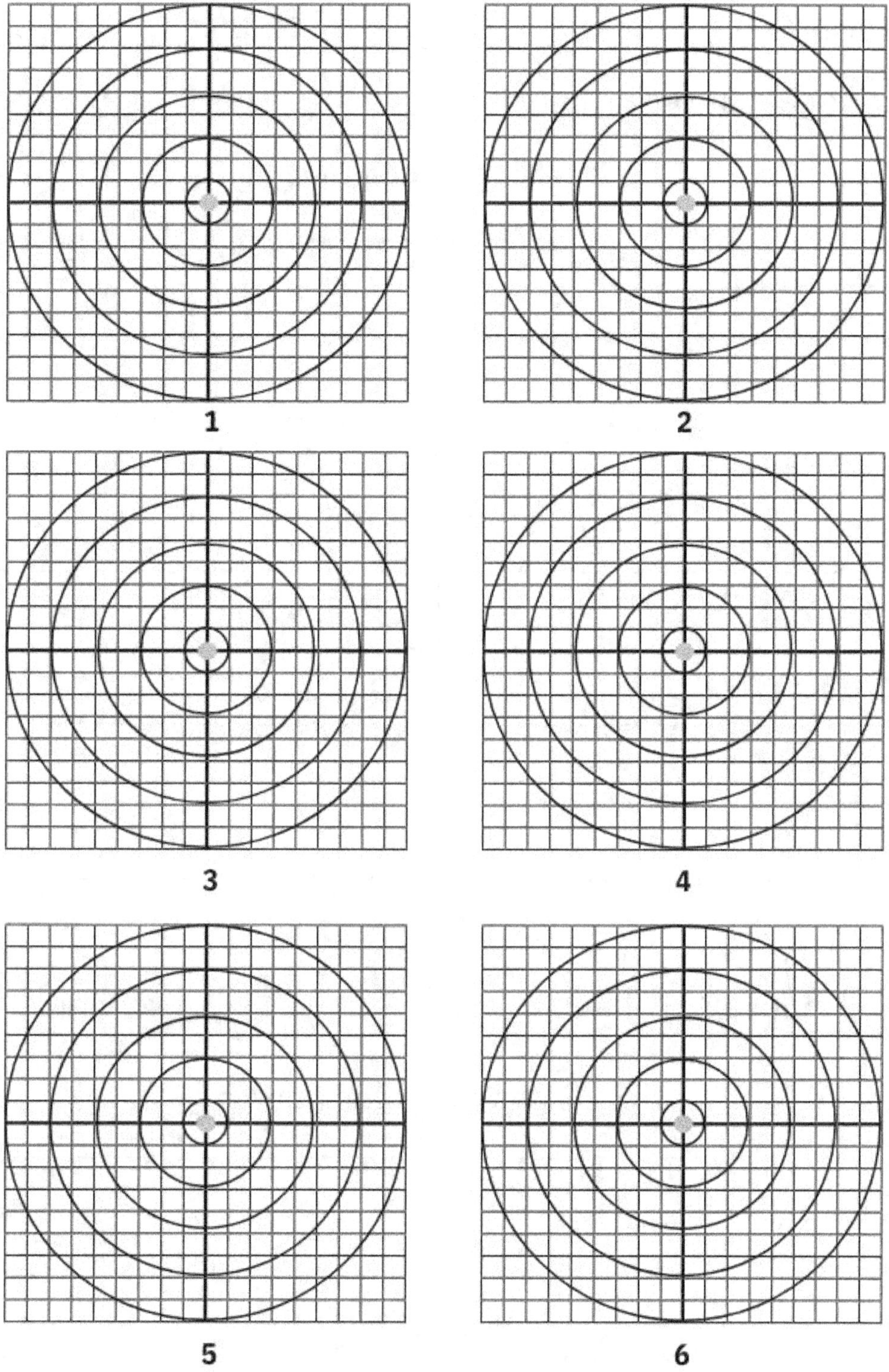

Une idée de cadeau parfaite pour les débutants et les professionnels

Livre de données sur le tir sportif

📅 Date: _____________________   🕐 Temps: __________

📍 Localisation: _________________________________

Conditions météorologiques

☐   ☐   ☐   ☐   ☐   ☐   _______   _______

Armes à feu:	
Balle:	Profondeur d'assise:
Poudre:	Céréales:
L'abécédaire:	
Laiton:	
Distance:	

Résultats globaux

☐ Mauvais   ☐ Juste   ☐ Bon   ☐ Excellent

Notes complémentaires

____

____

____

☆ ☆ ☆ ☆ ☆

Une idée de cadeau parfaite pour les débutants et les professionnels

Livre de données sur le tir sportif

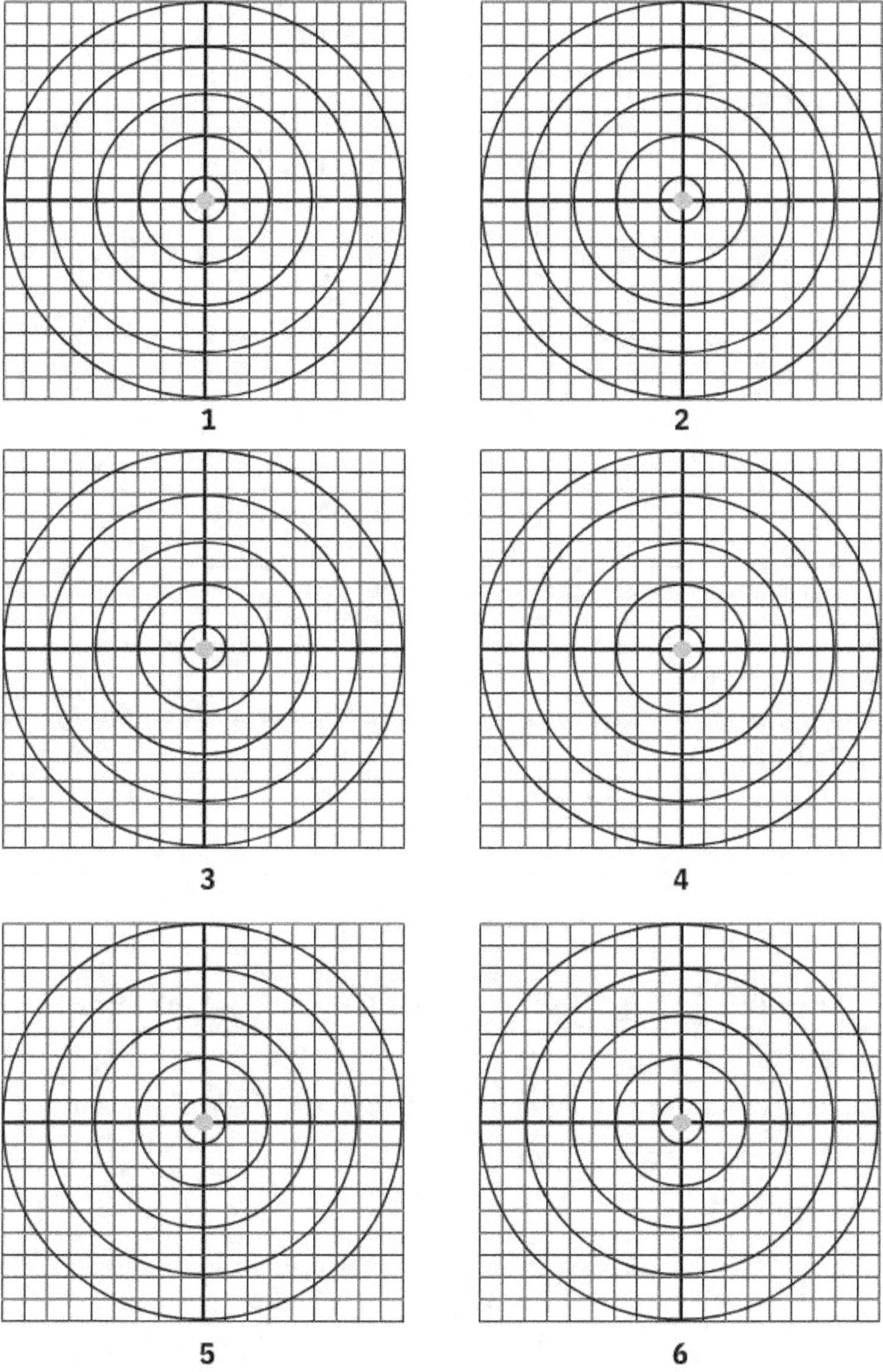

Une idée de cadeau parfaite pour les débutants et les professionnels

Livre de données sur le tir sportif

Date: __________________________   Temps: __________

Localisation: ______________________________________

Conditions météorologiques

☐   ☐   ☐   ☐   ☐   ☐   ______   ______

Armes à feu:	
Balle:	Profondeur d'assise:
Poudre:	Céréales:
L'abécédaire:	
Laiton:	
Distance:	

Résultats globaux

☐ Mauvais   ☐ Juste   ☐ Bon   ☐ Excellent

Notes complémentaires

____

____

____

☆ ☆ ☆ ☆ ☆

Une idée de cadeau parfaite pour les débutants et les professionnels

Livre de données sur le tir sportif

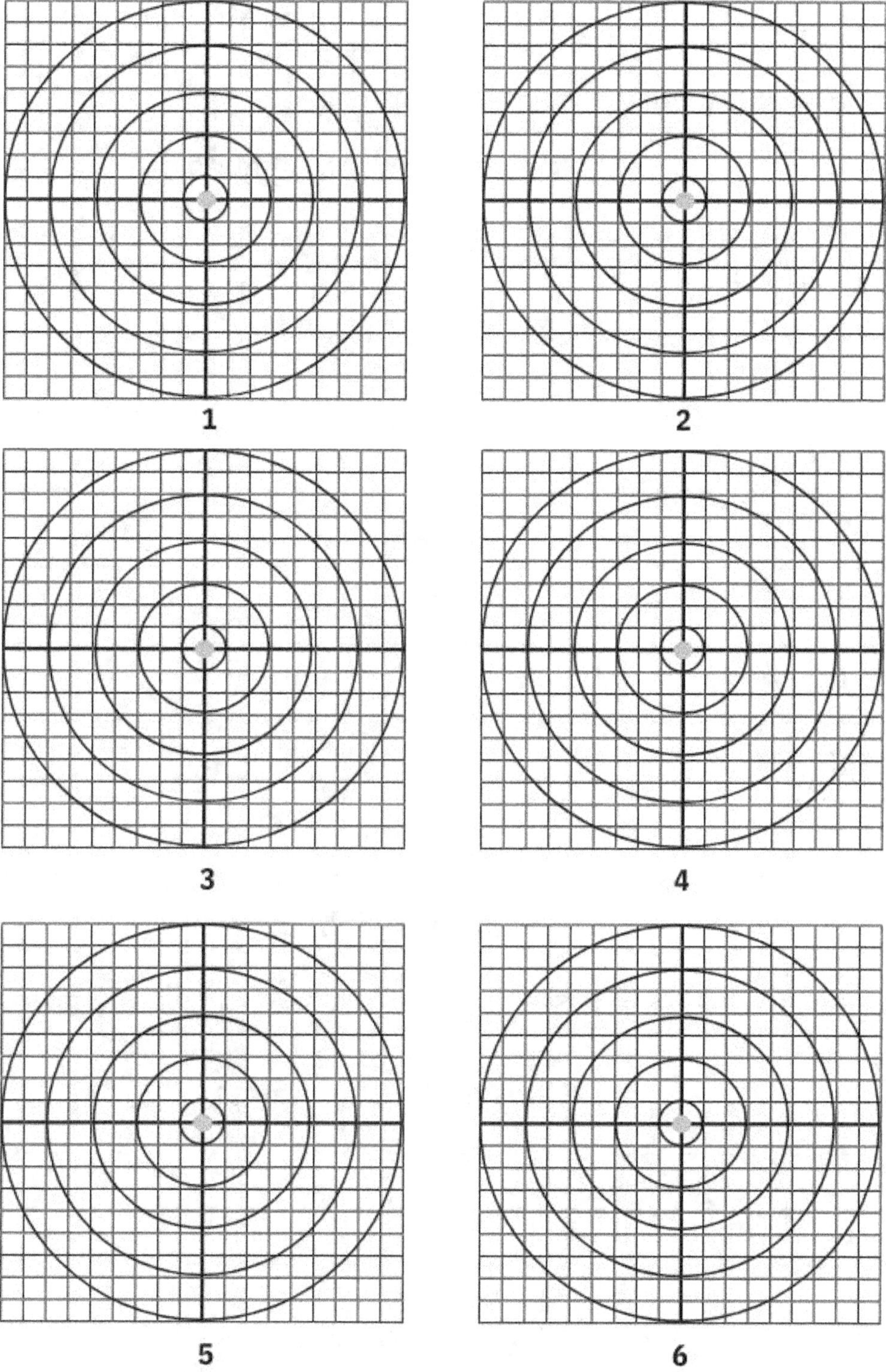

Une idée de cadeau parfaite pour les débutants et les professionnels

Livre de données sur le tir sportif

📅 Date: _________________________   🕐 Temps: __________

📍 Localisation: ____

Conditions météorologiques

☀ ☐   ⛅ ☐   🌤 ☐   🌧 ☐   🌧 ☐   🌨 ☐   🚩 _______   🌡 _______

Armes à feu:	
Balle:	Profondeur d'assise:
Poudre:	Céréales:
L'abécédaire:	
Laiton:	
Distance:	

Résultats globaux

☐ Mauvais   ☐ Juste   ☐ Bon   ☐ Excellent

Notes complémentaires

____

____

____

☆ ☆ ☆ ☆ ☆

Une idée de cadeau parfaite pour les débutants et les professionnels

Livre de données sur le tir sportif

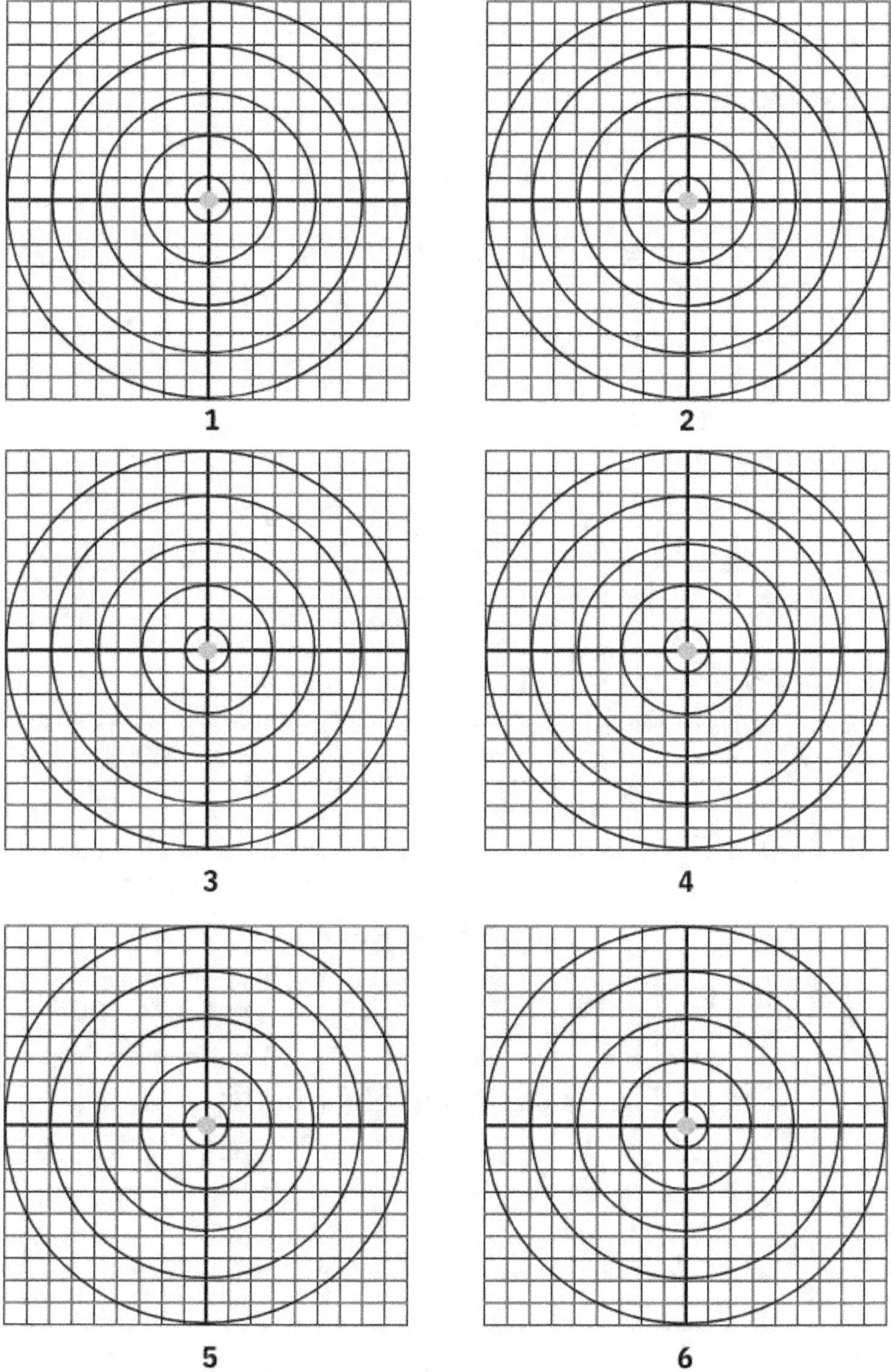

Une idée de cadeau parfaite pour les débutants et les professionnels

Livre de données sur le tir sportif

📅 Date: ________________________   🕐 Temps: __________

📍 Localisation: ______________________________

Conditions météorologiques

☐   ☐   ☐   ☐   ☐   ☐   _______   _______

Armes à feu:	
Balle:	Profondeur d'assise:
Poudre:	Céréales:
L'abécédaire:	
Laiton:	
Distance:	

Résultats globaux

☐ Mauvais   ☐ Juste   ☐ Bon   ☐ Excellent

Notes complémentaires

____

____

____

Une idée de cadeau parfaite pour les débutants et les professionnels

Livre de données sur le tir sportif

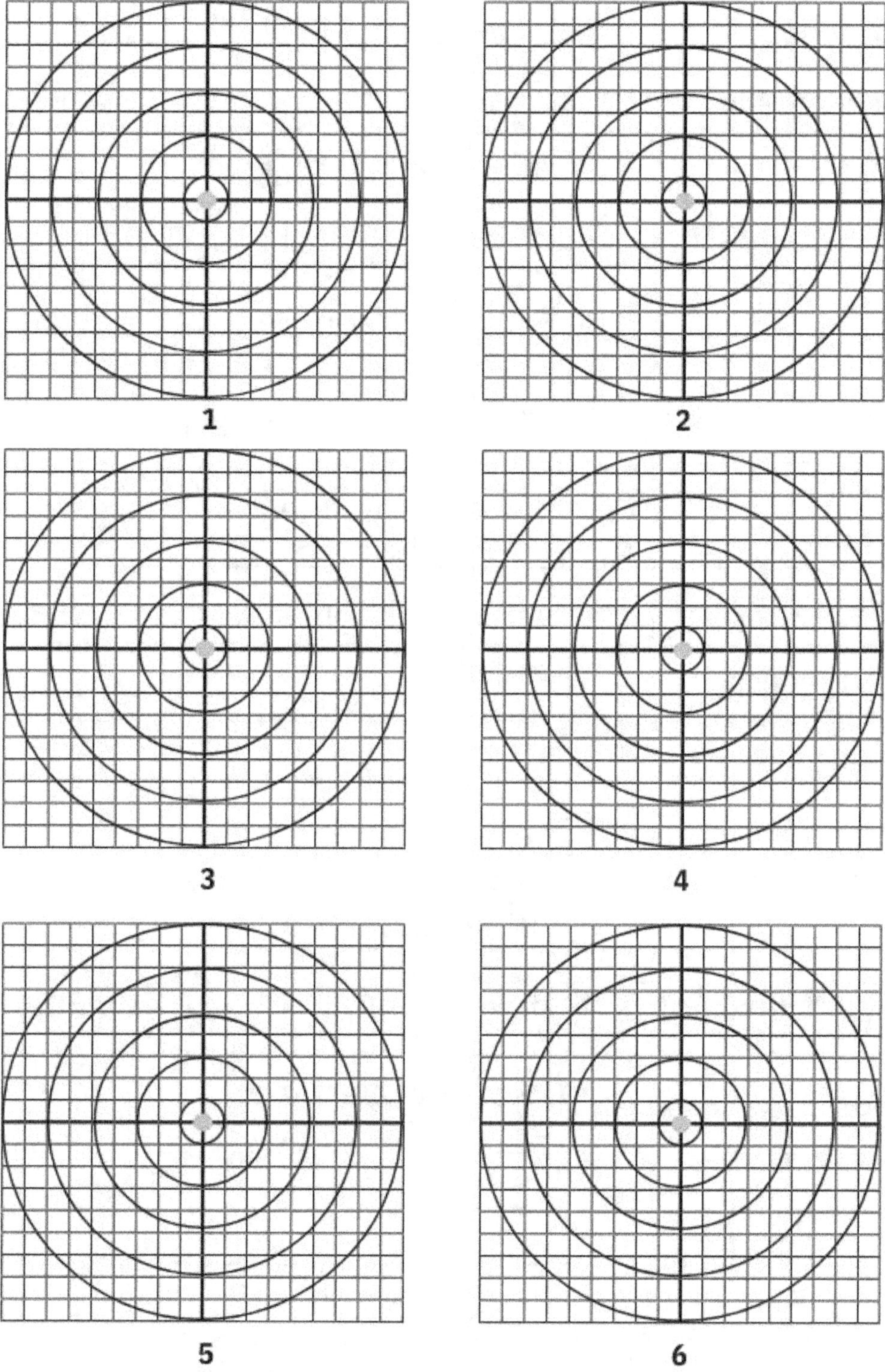

Une idée de cadeau parfaite pour les débutants et les professionnels

Livre de données sur le tir sportif

Date: ______________________   Temps: __________

Localisation: _________________________________

Conditions météorologiques

Armes à feu:	
Balle:	Profondeur d'assise:
Poudre:	Céréales:
L'abécédaire:	
Laiton:	
Distance:	

Résultats globaux

☐ Mauvais   ☐ Juste   ☐ Bon   ☐ Excellent

Notes complémentaires

____

____

Livre de données sur le tir sportif

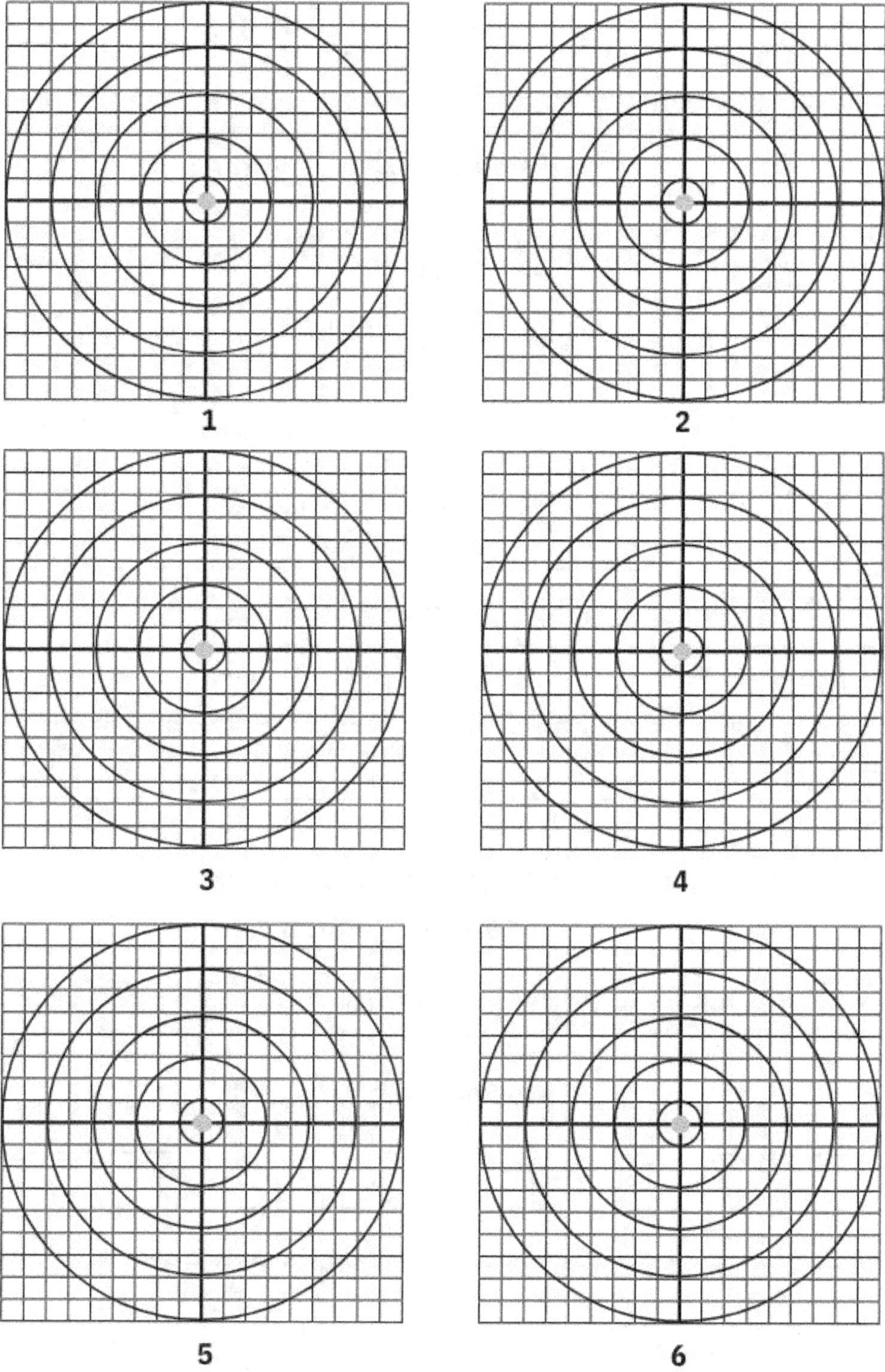

Une idée de cadeau parfaite pour les débutants et les professionnels

Livre de données sur le tir sportif

Date: ______________________   Temps: __________

Localisation: ______________________________

Conditions météorologiques

☐   ☐   ☐   ☐   ☐   ☐   _______   _______

Armes à feu:	
Balle:	Profondeur d'assise:
Poudre:	Céréales:
L'abécédaire:	
Laiton:	
Distance:	

Résultats globaux

☐ Mauvais   ☐ Juste   ☐ Bon   ☐ Excellent

Notes complémentaires

____

____

____

☆ ☆ ☆ ☆ ☆

Une idée de cadeau parfaite pour les débutants et les professionnels

Livre de données sur le tir sportif

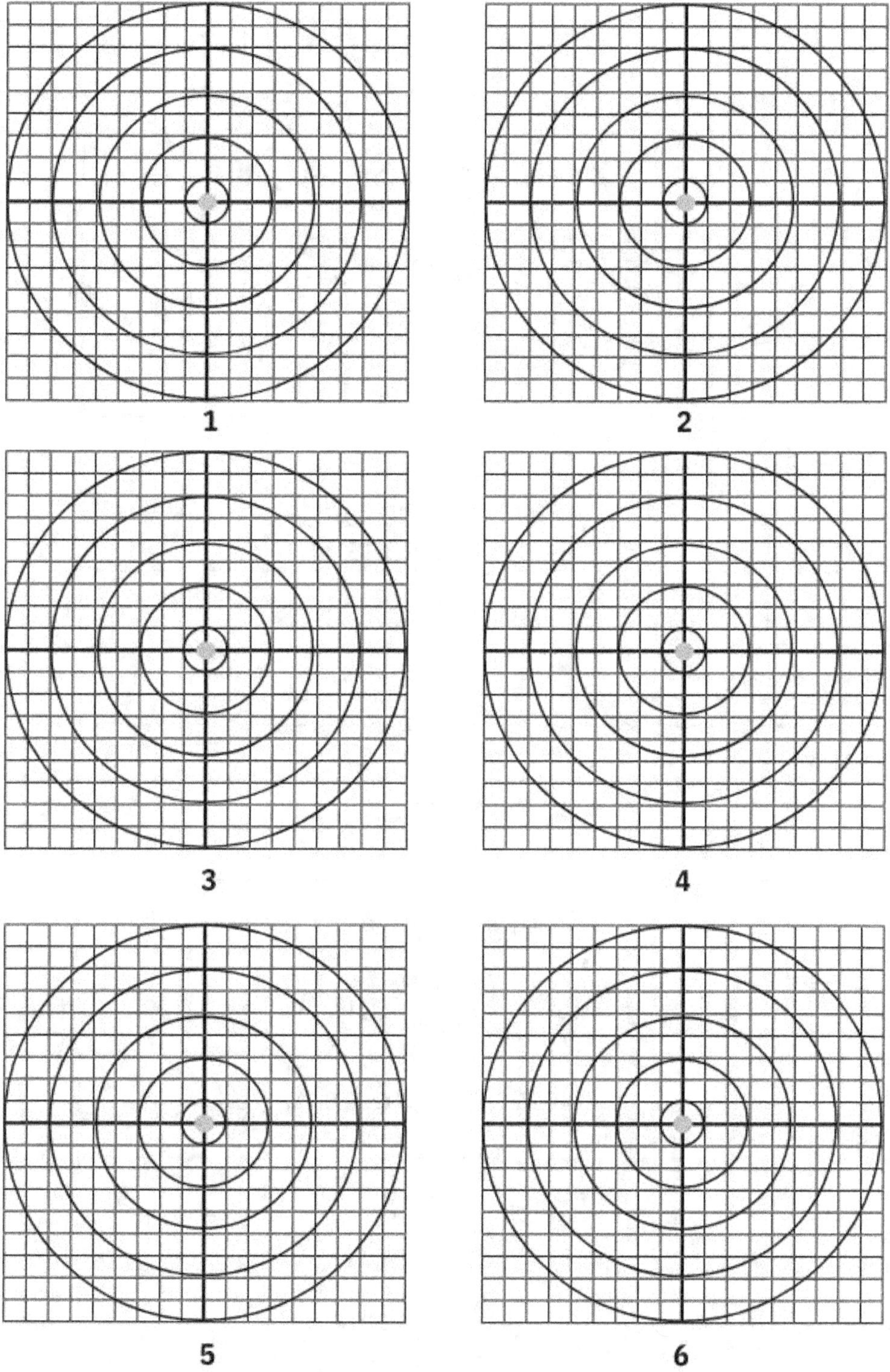

Une idée de cadeau parfaite pour les débutants et les professionnels

Livre de données sur le tir sportif

📅 Date: _____________________   🕐 Temps: _________

📍 Localisation: _______________________________

Conditions météorologiques

☐   ☐   ☐   ☐   ☐   ☐   _______   _______

Armes à feu:	
Balle:	Profondeur d'assise:
Poudre:	Céréales:
L'abécédaire:	
Laiton:	
Distance:	

Résultats globaux

☐ Mauvais   ☐ Juste   ☐ Bon   ☐ Excellent

Notes complémentaires

____

____

____

☆ ☆ ☆ ☆ ☆

Une idée de cadeau parfaite pour les débutants et les professionnels

Livre de données sur le tir sportif

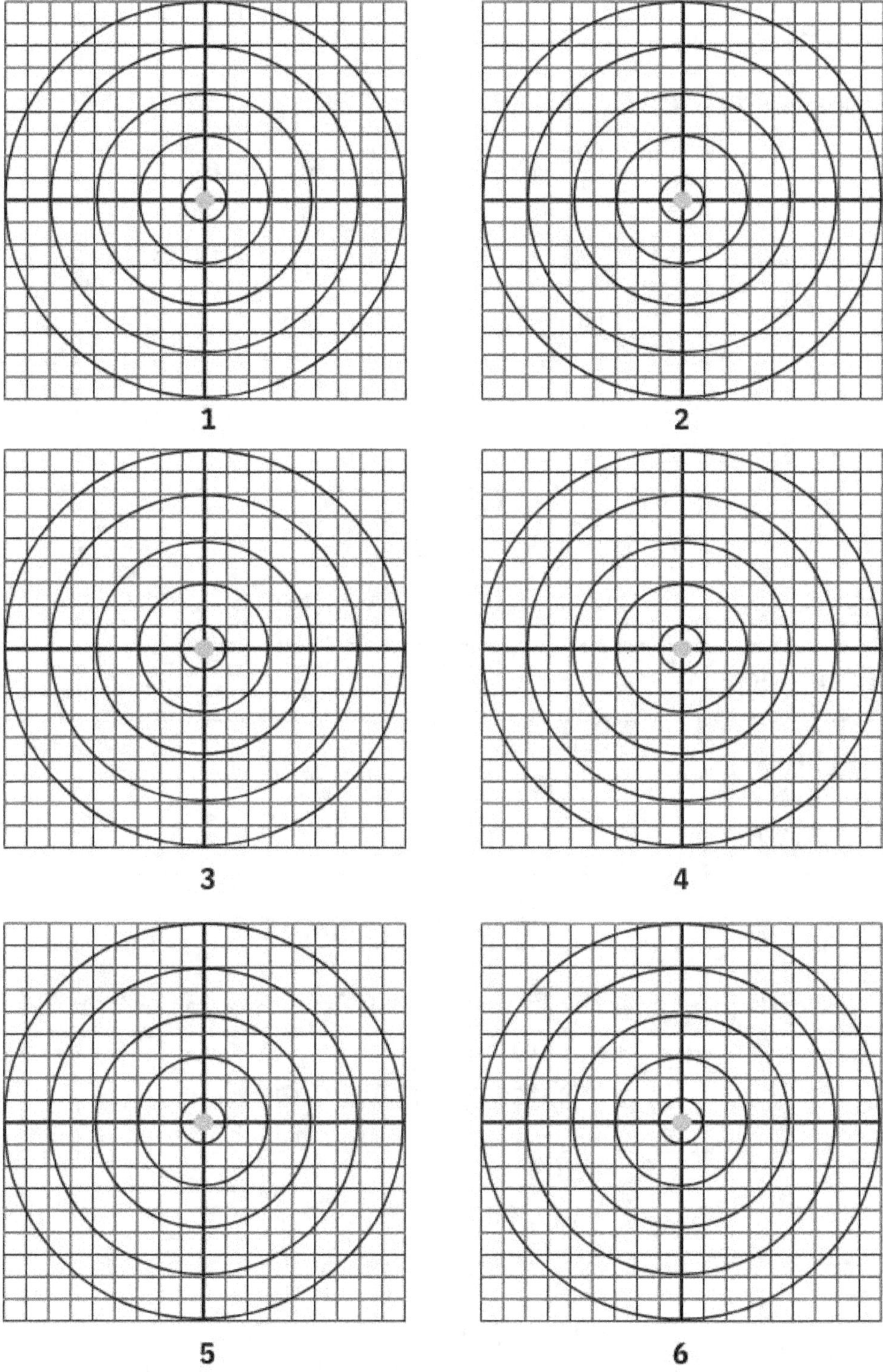

Une idée de cadeau parfaite pour les débutants et les professionnels

Livre de données sur le tir sportif

📅 Date: _____________________   🕐 Temps: _________

📍 Localisation: _________________________________

Conditions météorologiques

☀ ☐   ☁ ☐   ⛅ ☐   🌧 ☐   🌦 ☐   🌨 ☐   🚩 _______   🌡 _______

Armes à feu:	
Balle:	Profondeur d'assise:
Poudre:	Céréales:
L'abécédaire:	
Laiton:	
Distance:	

Résultats globaux

☐ Mauvais   ☐ Juste   ☐ Bon   ☐ Excellent

Notes complémentaires

____

____

☆ ☆ ☆ ☆ ☆

Une idée de cadeau parfaite pour les débutants et les professionnels

Livre de données sur le tir sportif

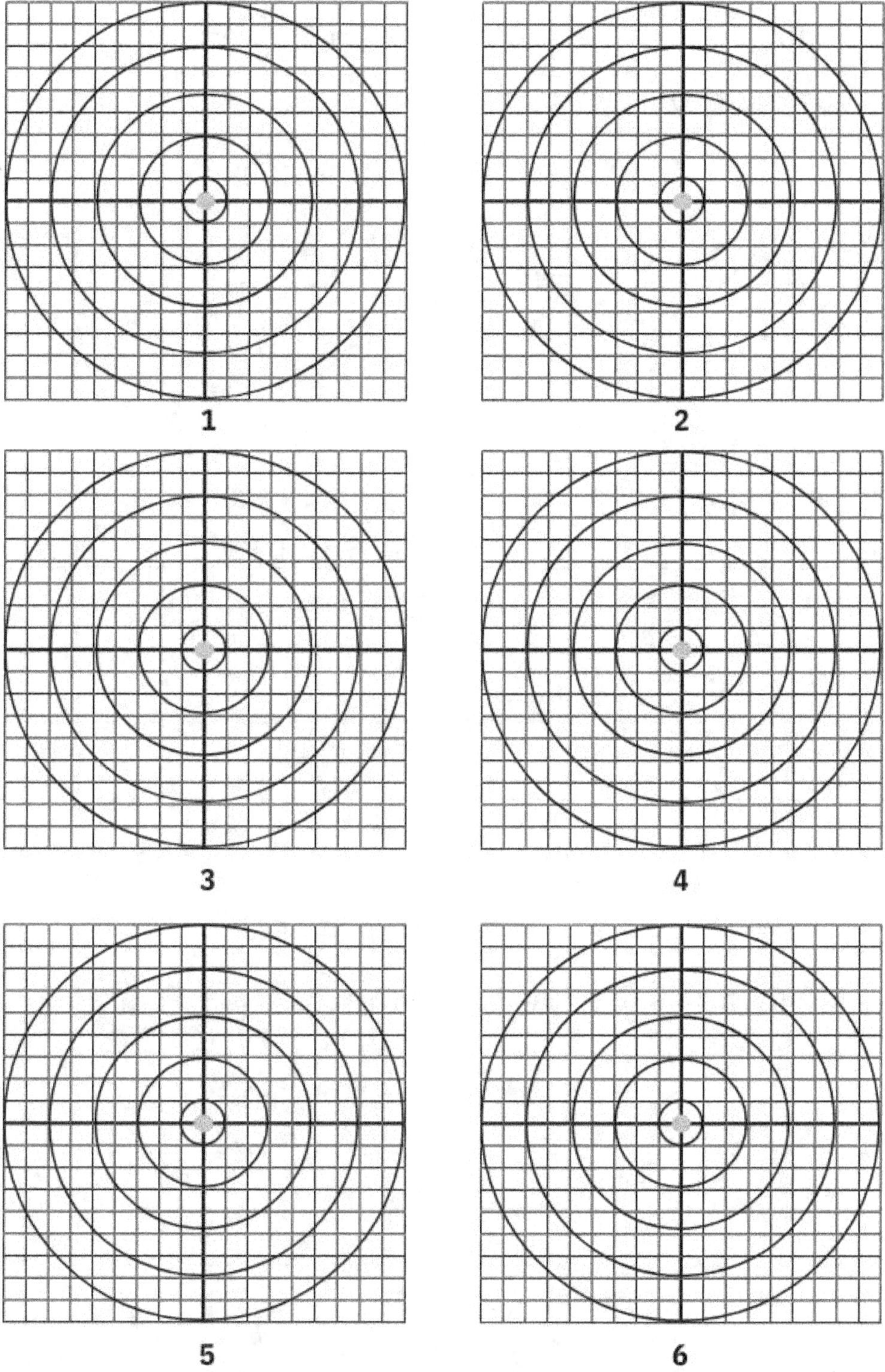

Une idée de cadeau parfaite pour les débutants et les professionnels

Livre de données sur le tir sportif

Date: ______________________   Temps: __________

Localisation: ________________________________

Conditions météorologiques

☐   ☐   ☐   ☐   ☐   ☐   ______   ______

Armes à feu:	
Balle:	Profondeur d'assise:
Poudre:	Céréales:
L'abécédaire:	
Laiton:	
Distance:	

Résultats globaux

☐ Mauvais   ☐ Juste   ☐ Bon   ☐ Excellent

Notes complémentaires

____

____

____

☆ ☆ ☆ ☆ ☆

Une idée de cadeau parfaite pour les débutants et les professionnels

Livre de données sur le tir sportif

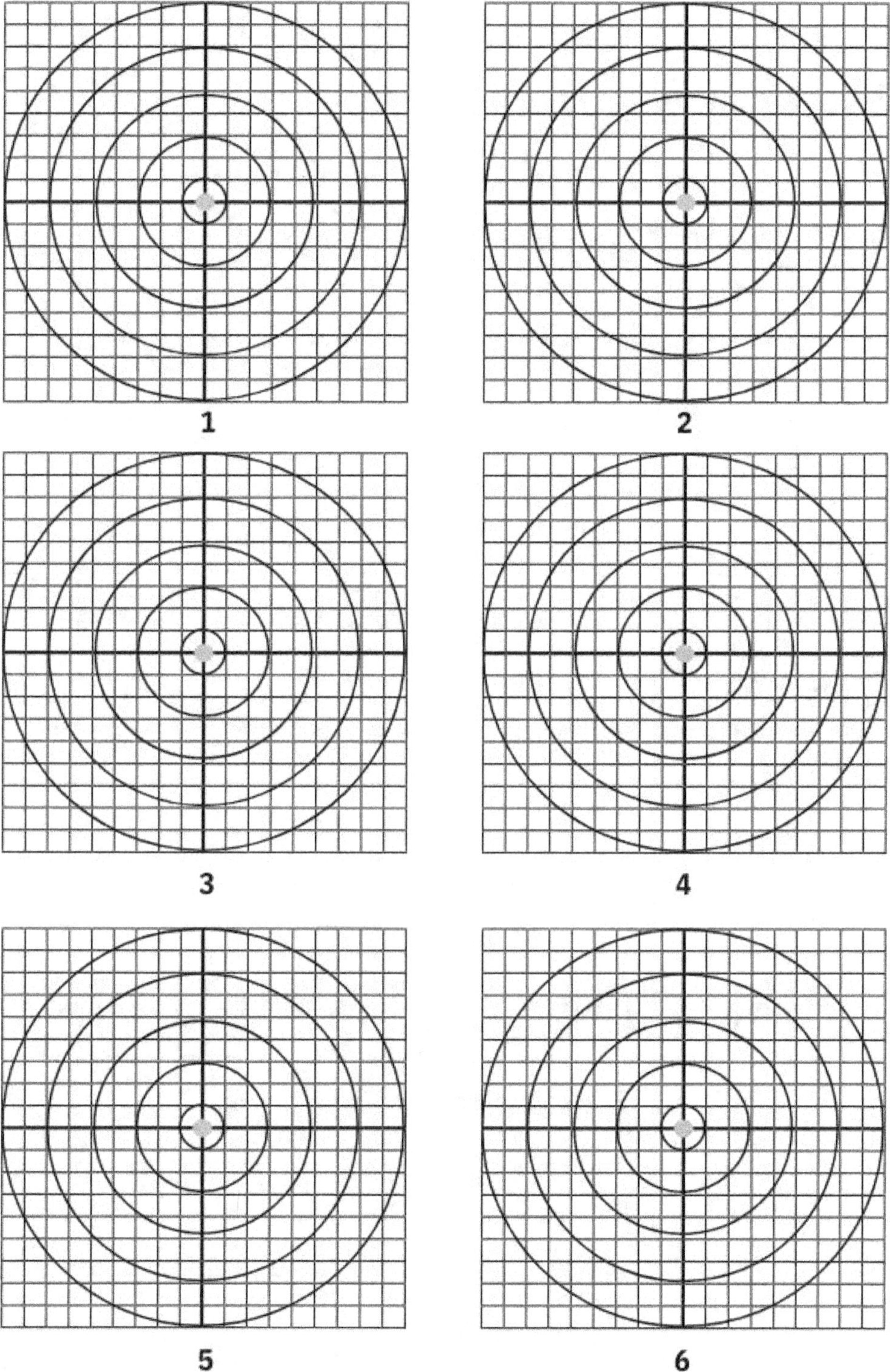

Une idée de cadeau parfaite pour les débutants et les professionnels

Livre de données sur le tir sportif

Date: _________________________ Temps: __________

Localisation: _________________________________

Conditions météorologiques

☐   ☐   ☐   ☐   ☐   ☐   _______   _______

Armes à feu:	
Balle:	Profondeur d'assise:
Poudre:	Céréales:
L'abécédaire:	
Laiton:	
Distance:	

Résultats globaux

☐ Mauvais   ☐ Juste   ☐ Bon   ☐ Excellent

Notes complémentaires

____

____

____

☆ ☆ ☆ ☆ ☆

Une idée de cadeau parfaite pour les débutants et les professionnels

Livre de données sur le tir sportif

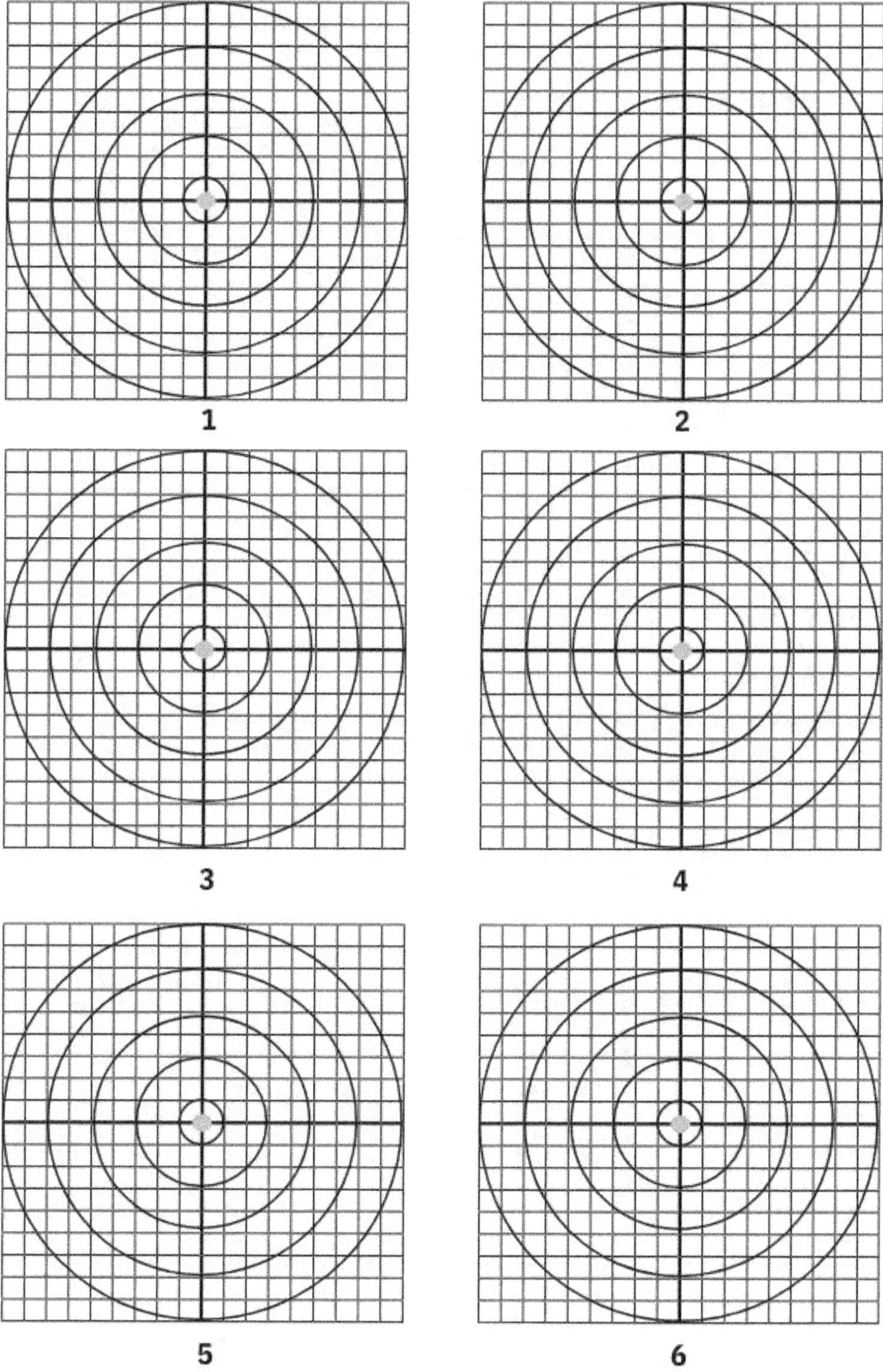

Une idée de cadeau parfaite pour les débutants et les professionnels

Livre de données sur le tir sportif

📅 Date: ________________________   🕐 Temps: __________

📍 Localisation: ______________________________________

Conditions météorologiques

☐   ☐   ☐   ☐   ☐   ☐   ⚑ _______   🌡 _______

Armes à feu:	
Balle:	Profondeur d'assise:
Poudre:	Céréales:
L'abécédaire:	
Laiton:	
Distance:	

Résultats globaux

☐ Mauvais   ☐ Juste   ☐ Bon   ☐ Excellent

Notes complémentaires

____

____

☆ ☆ ☆ ☆ ☆

Une idée de cadeau parfaite pour les débutants et les professionnels

Livre de données sur le tir sportif

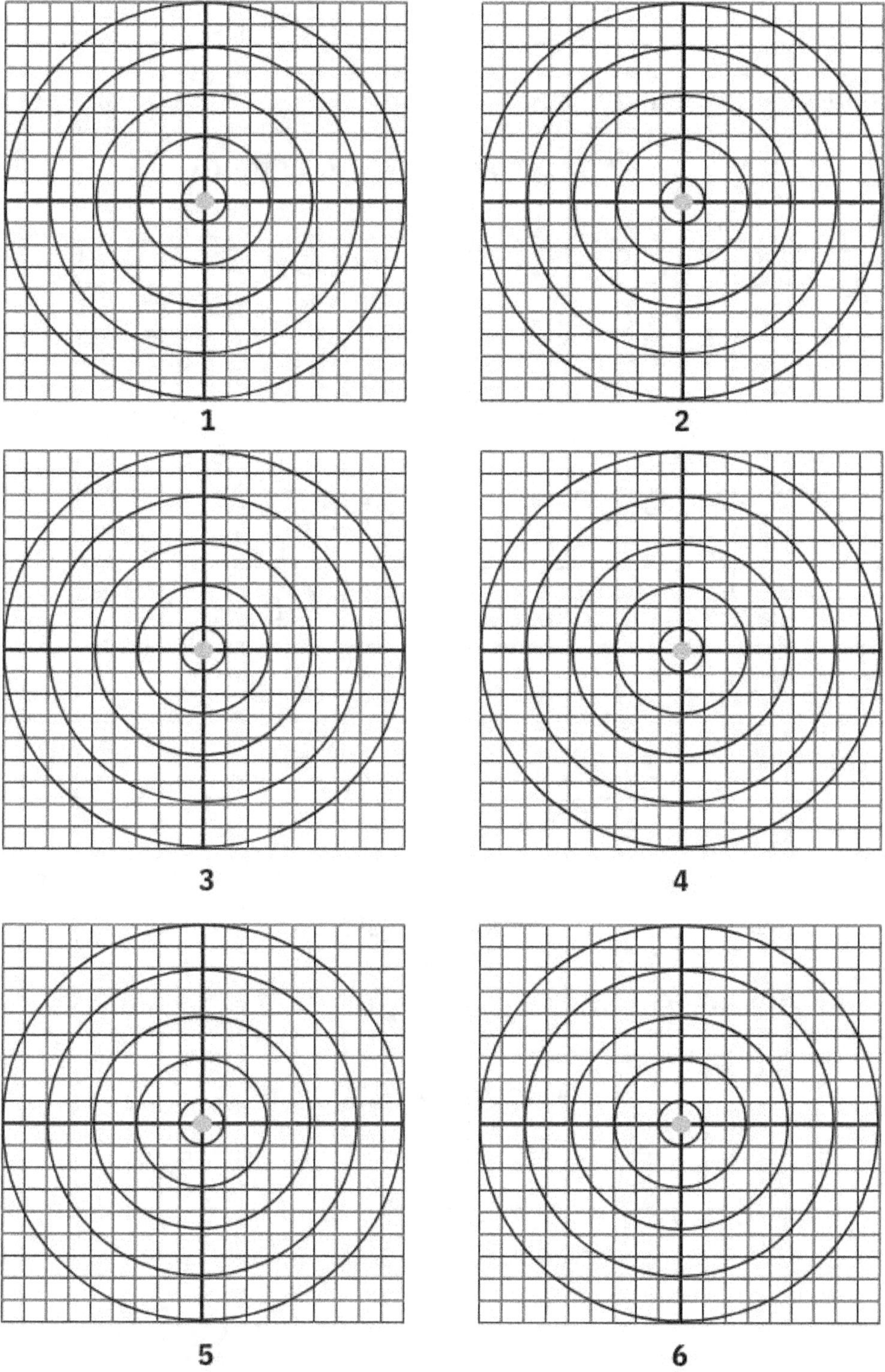

Une idée de cadeau parfaite pour les débutants et les professionnels

Livre de données sur le tir sportif

📅 Date: _______________________   🕐 Temps: __________

📍 Localisation: ____

Conditions météorologiques

☐   ☐   ☐   ☐   ☐   ☐   _______   _______

Armes à feu:	
Balle:	Profondeur d'assise:
Poudre:	Céréales:
L'abécédaire:	
Laiton:	
Distance:	

Résultats globaux

☐ Mauvais   ☐ Juste   ☐ Bon   ☐ Excellent

Notes complémentaires

____

____

☆ ☆ ☆ ☆ ☆

Une idée de cadeau parfaite pour les débutants et les professionnels

Livre de données sur le tir sportif

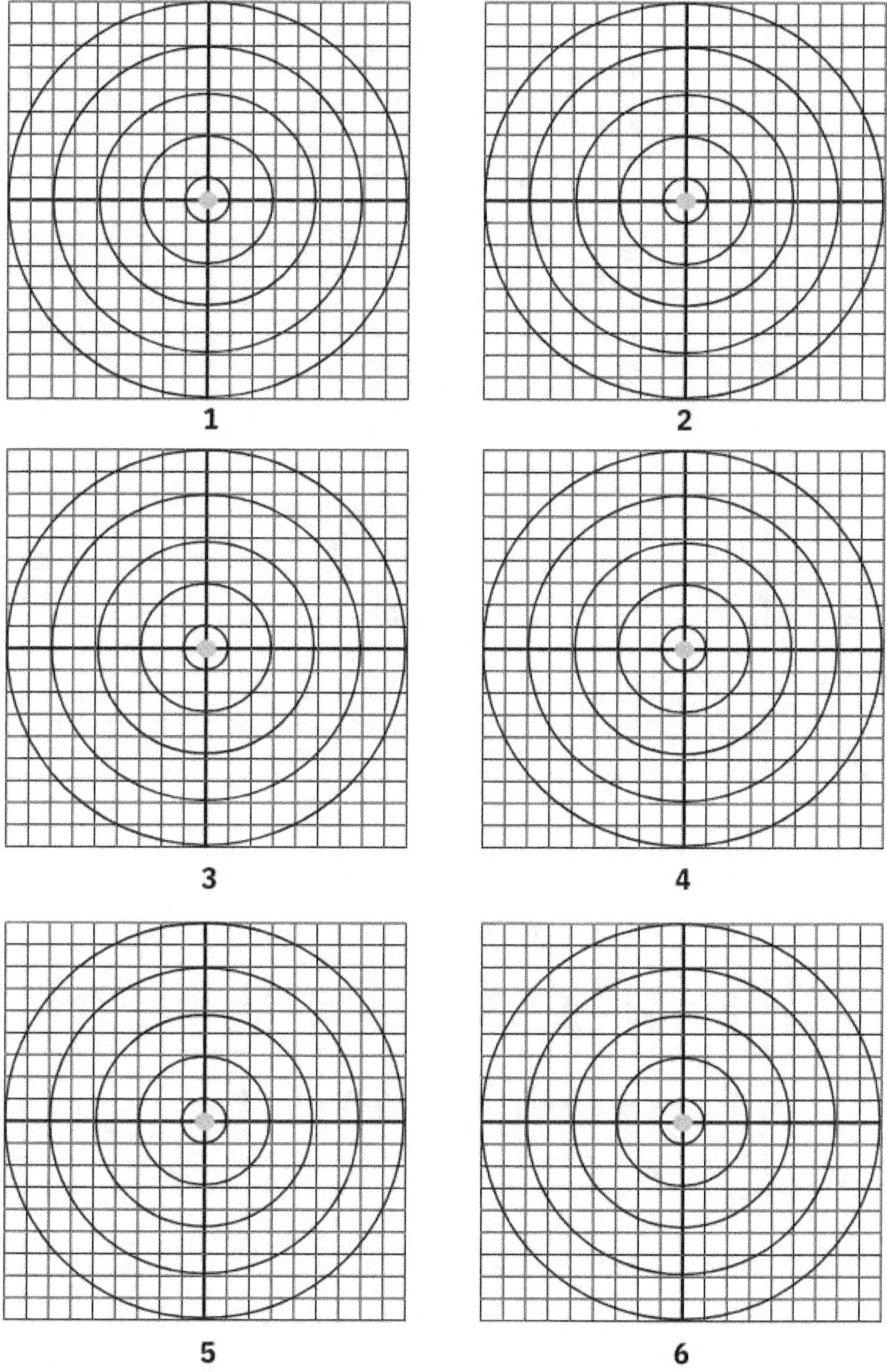

Une idée de cadeau parfaite pour les débutants et les professionnels

Livre de données sur le tir sportif

📅 Date: ____________________   🕐 Temps: __________

📍 Localisation: ______________________________

Conditions météorologiques

☐   ☐   ☐   ☐   ☐   ☐   _______   _______

Armes à feu:	
Balle:	Profondeur d'assise:
Poudre:	Céréales:
L'abécédaire:	
Laiton:	
Distance:	

Résultats globaux

☐ Mauvais   ☐ Juste   ☐ Bon   ☐ Excellent

Notes complémentaires

____

____

____

☆ ☆ ☆ ☆ ☆

Une idée de cadeau parfaite pour les débutants et les professionnels

Livre de données sur le tir sportif

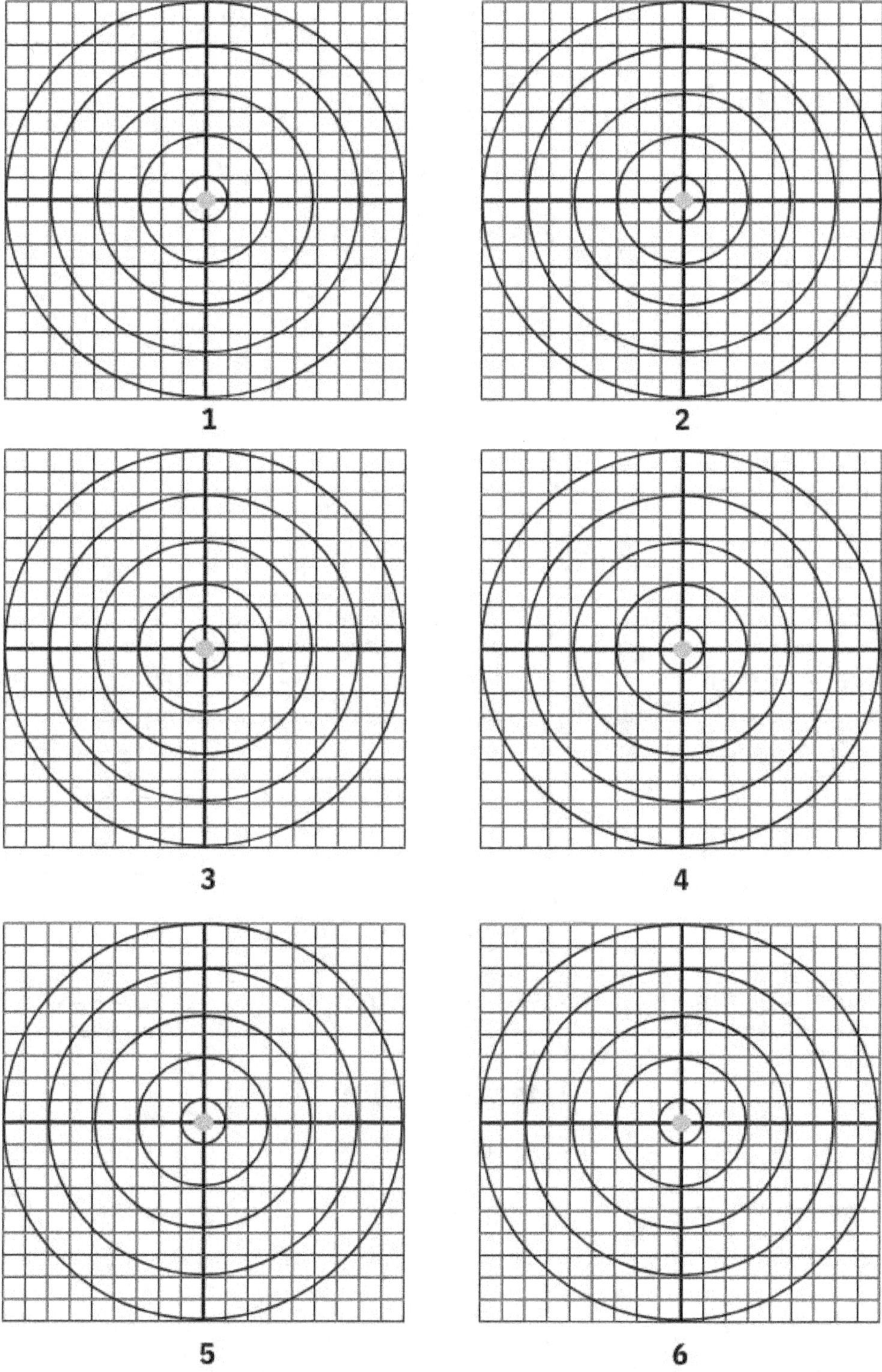

Une idée de cadeau parfaite pour les débutants et les professionnels

Livre de données sur le tir sportif

📅 Date: _________________________ 🕐 Temps: __________

📍 Localisation: ____________________________________

Conditions météorologiques

☀️ ☐   ⛅ ☐   🌥️ ☐   🌧️ ☐   🌦️ ☐   🌨️ ☐   🚩 ______   🌡️ ______

Armes à feu:	
Balle:	Profondeur d'assise:
Poudre:	Céréales:
L'abécédaire:	
Laiton:	
Distance:	

Résultats globaux

☐ Mauvais   ☐ Juste   ☐ Bon   ☐ Excellent

Notes complémentaires

____

____

☆ ☆ ☆ ☆ ☆

Une idée de cadeau parfaite pour les débutants et les professionnels

Livre de données sur le tir sportif

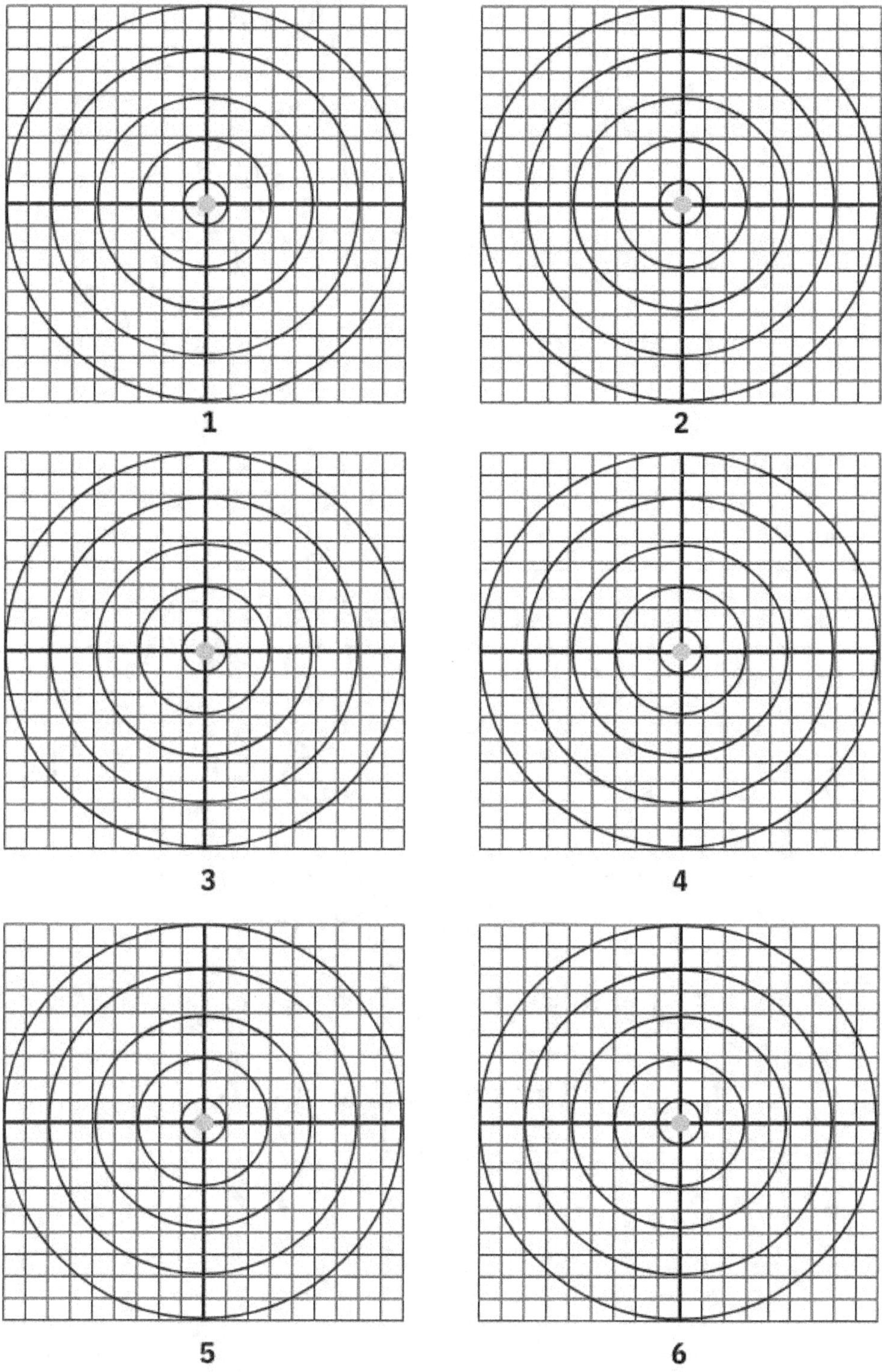

Une idée de cadeau parfaite pour les débutants et les professionnels

Livre de données sur le tir sportif

📅 Date: ___________________ 🕐 Temps: __________

📍 Localisation: ___________________________

Conditions météorologiques

☐ ☐ ☐ ☐ ☐ ☐ _______ _______

Armes à feu:	
Balle:	Profondeur d'assise:
Poudre:	Céréales:
L'abécédaire:	
Laiton:	
Distance:	

Résultats globaux

☐ Mauvais ☐ Juste ☐ Bon ☐ Excellent

Notes complémentaires

____

____

____

☆ ☆ ☆ ☆ ☆

Une idée de cadeau parfaite pour les débutants et les professionnels

Livre de données sur le tir sportif

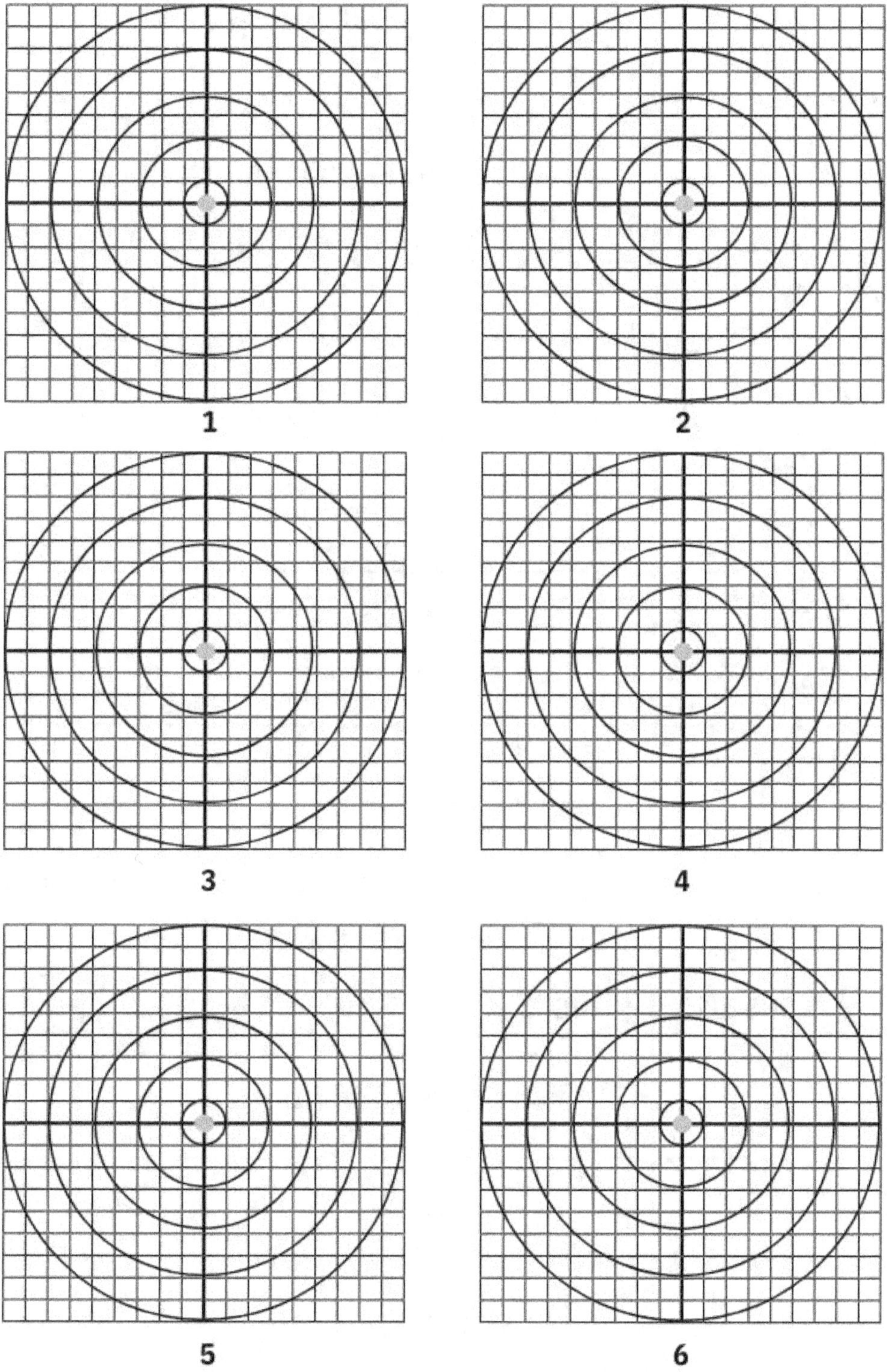

Une idée de cadeau parfaite pour les débutants et les professionnels

Livre de données sur le tir sportif

📅 Date: _________________________   🕐 Temps: _________

📍 Localisation: _________________________________

Conditions météorologiques

☀ ☐   ⛅ ☐   🌤 ☐   🌦 ☐   🌧 ☐   🌨 ☐   🚩 _________   🌡 _________

Armes à feu:	
Balle:	Profondeur d'assise:
Poudre:	Céréales:
L'abécédaire:	
Laiton:	
Distance:	

Résultats globaux

☐ Mauvais   ☐ Juste   ☐ Bon   ☐ Excellent

Notes complémentaires

____

____

____

☆ ☆ ☆ ☆ ☆

Une idée de cadeau parfaite pour les débutants et les professionnels

Livre de données sur le tir sportif

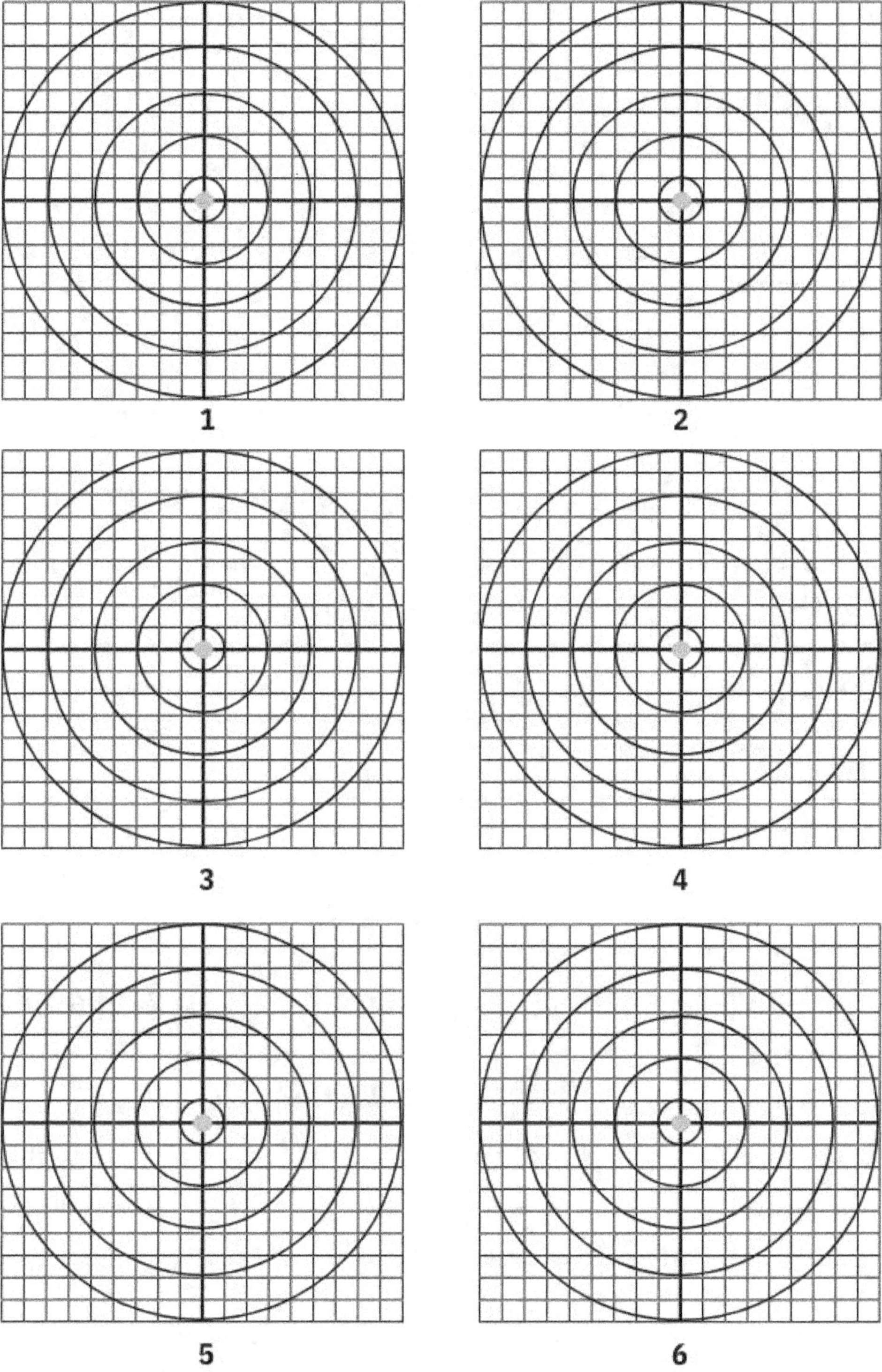

Une idée de cadeau parfaite pour les débutants et les professionnels

Livre de données sur le tir sportif

Date: _______________________ Temps: __________

Localisation: _______________________________

Conditions météorologiques

☐   ☐   ☐   ☐   ☐   ☐   _______   _______

Armes à feu:	
Balle:	Profondeur d'assise:
Poudre:	Céréales:
L'abécédaire:	
Laiton:	
Distance:	

Résultats globaux

☐ Mauvais ☐ Juste ☐ Bon ☐ Excellent

Notes complémentaires

____

____

☆ ☆ ☆ ☆ ☆

Une idée de cadeau parfaite pour les débutants et les professionnels

Livre de données sur le tir sportif

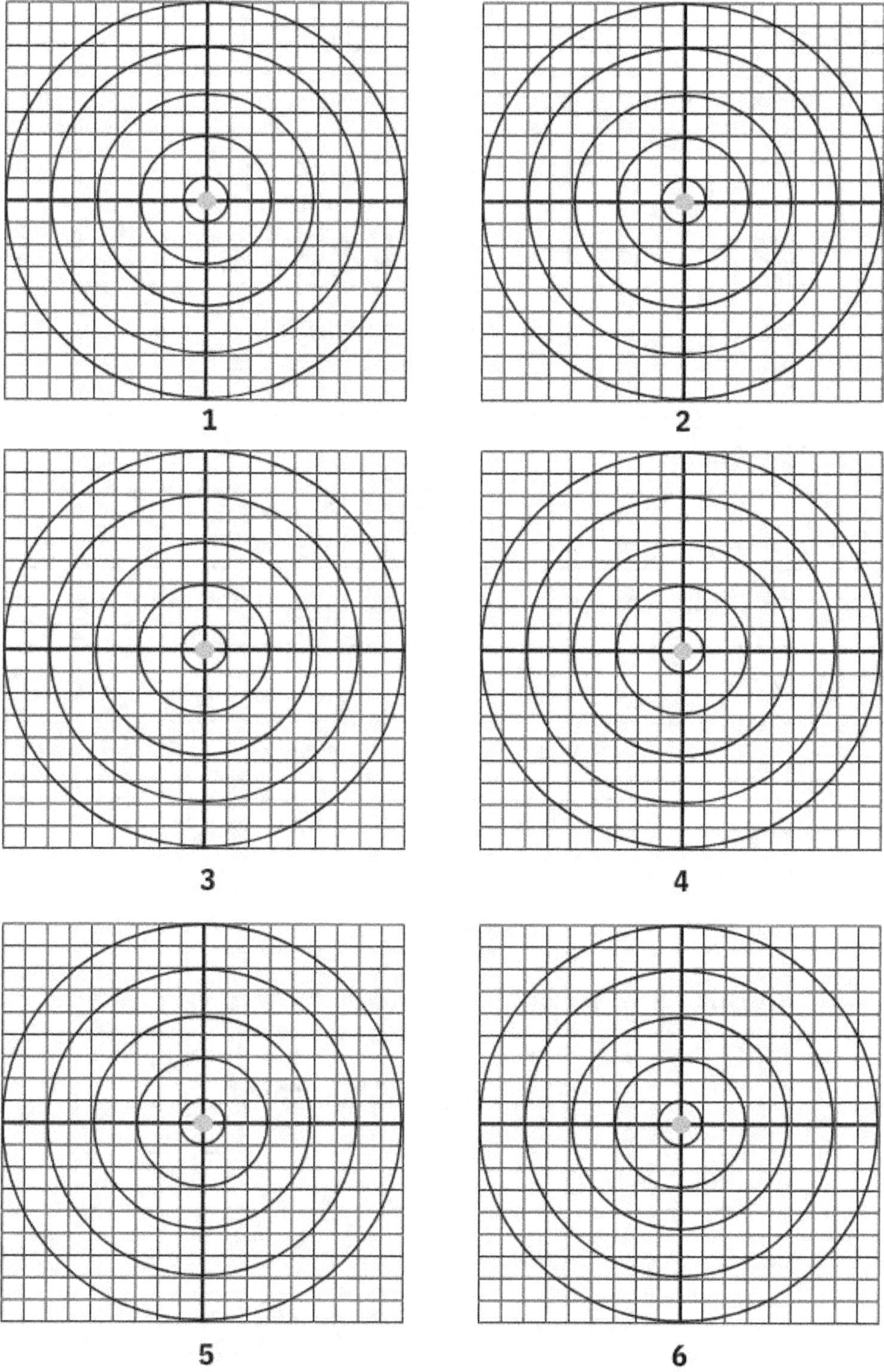

Une idée de cadeau parfaite pour les débutants et les professionnels

Livre de données sur le tir sportif

📅 Date: _________________________ 🕐 Temps: ___________

📍 Localisation: _________________________________

Conditions météorologiques

☀️ ☐   ⛅ ☐   🌥️ ☐   🌦️ ☐   🌧️ ☐   🌨️ ☐   🚩 _______   🌡️ _______

Armes à feu:	
Balle:	Profondeur d'assise:
Poudre:	Céréales:
L'abécédaire:	
Laiton:	
Distance:	

Résultats globaux

☐ Mauvais   ☐ Juste   ☐ Bon   ☐ Excellent

Notes complémentaires

____

____

____

☆ ☆ ☆ ☆ ☆

Une idée de cadeau parfaite pour les débutants et les professionnels

Livre de données sur le tir sportif

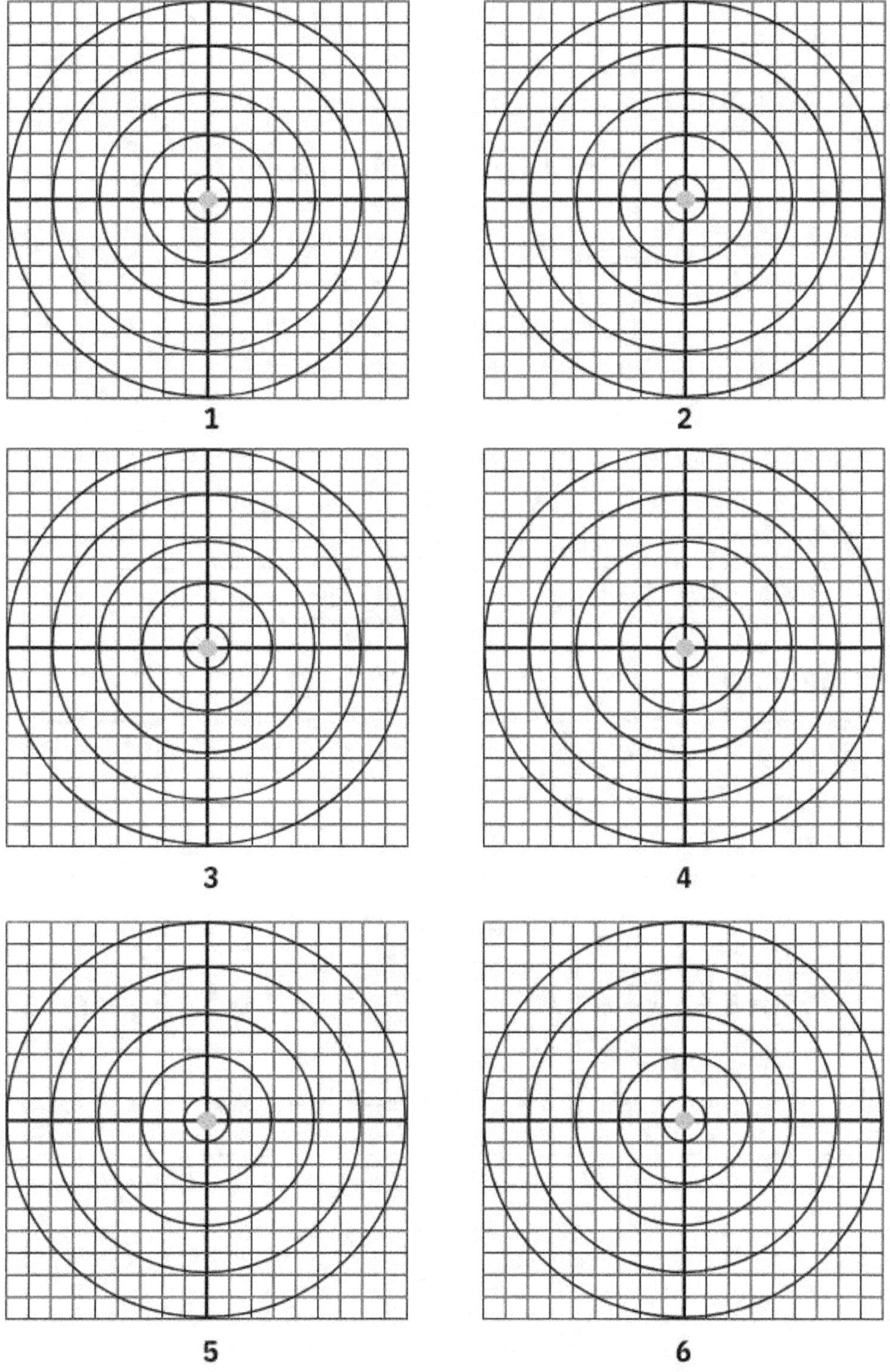

Une idée de cadeau parfaite pour les débutants et les professionnels

Livre de données sur le tir sportif

📅 Date: _______________________   🕐 Temps: __________

📍 Localisation: _________________________________

Conditions météorologiques

☀ ⛅ 🌥 🌧 🌧 🌨 ⚑ 🌡
☐   ☐   ☐   ☐   ☐   ☐   _____   _____

Armes à feu:	
Balle:	Profondeur d'assise:
Poudre:	Céréales:
L'abécédaire:	
Laiton:	
Distance:	

Résultats globaux

☐ Mauvais   ☐ Juste   ☐ Bon   ☐ Excellent

Notes complémentaires

____

____

____

☆ ☆ ☆ ☆ ☆

Une idée de cadeau parfaite pour les débutants et les professionnels

Livre de données sur le tir sportif

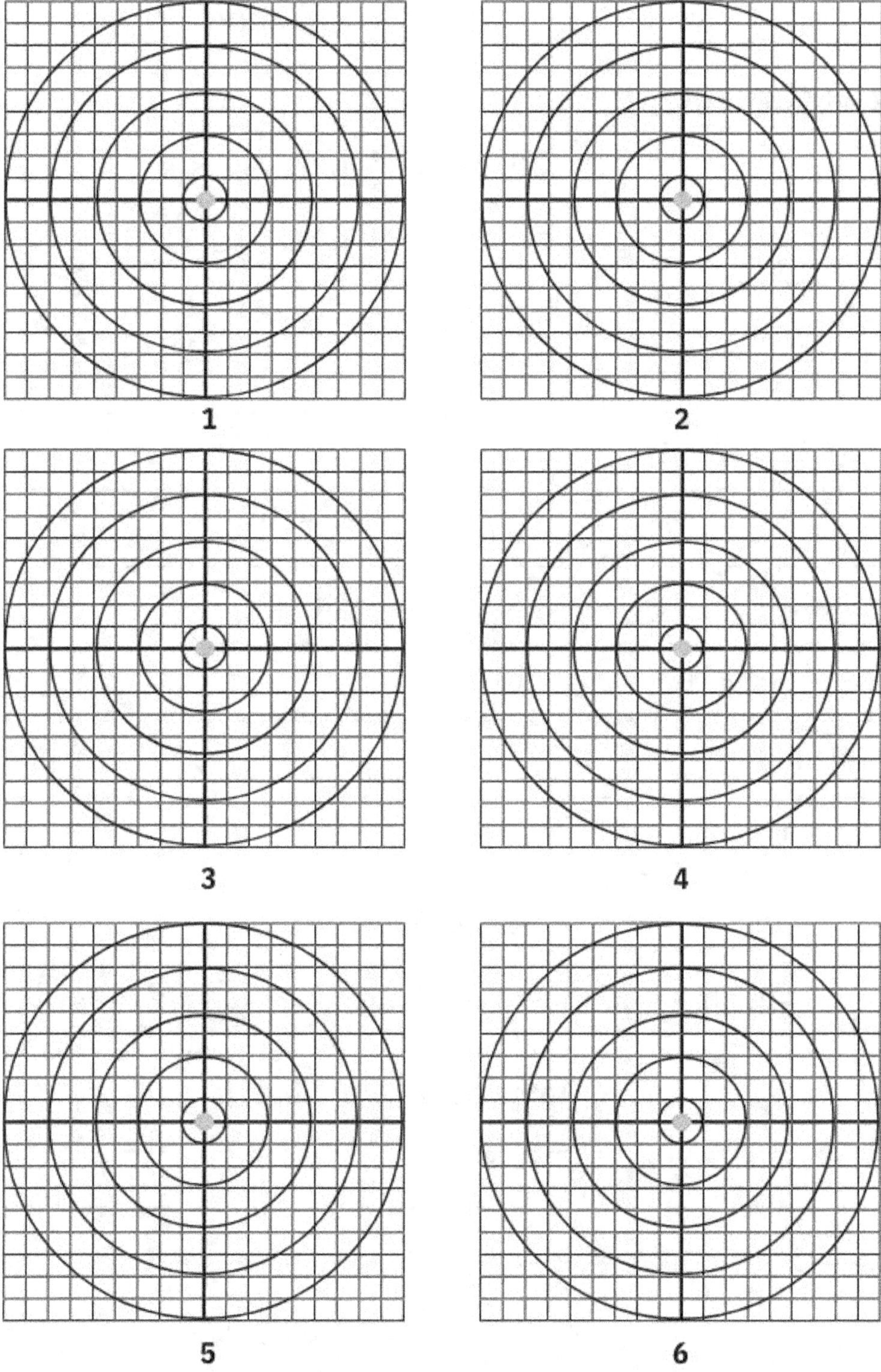

Une idée de cadeau parfaite pour les débutants et les professionnels

Livre de données sur le tir sportif

Date: __________________   Temps: __________

Localisation: _______________________________

Conditions météorologiques

☐   ☐   ☐   ☐   ☐   ☐   _______   _______

Armes à feu:	
Balle:	Profondeur d'assise:
Poudre:	Céréales:
L'abécédaire:	
Laiton:	
Distance:	

Résultats globaux

☐ Mauvais   ☐ Juste   ☐ Bon   ☐ Excellent

Notes complémentaires

____

____

____

☆ ☆ ☆ ☆ ☆

Livre de données sur le tir sportif

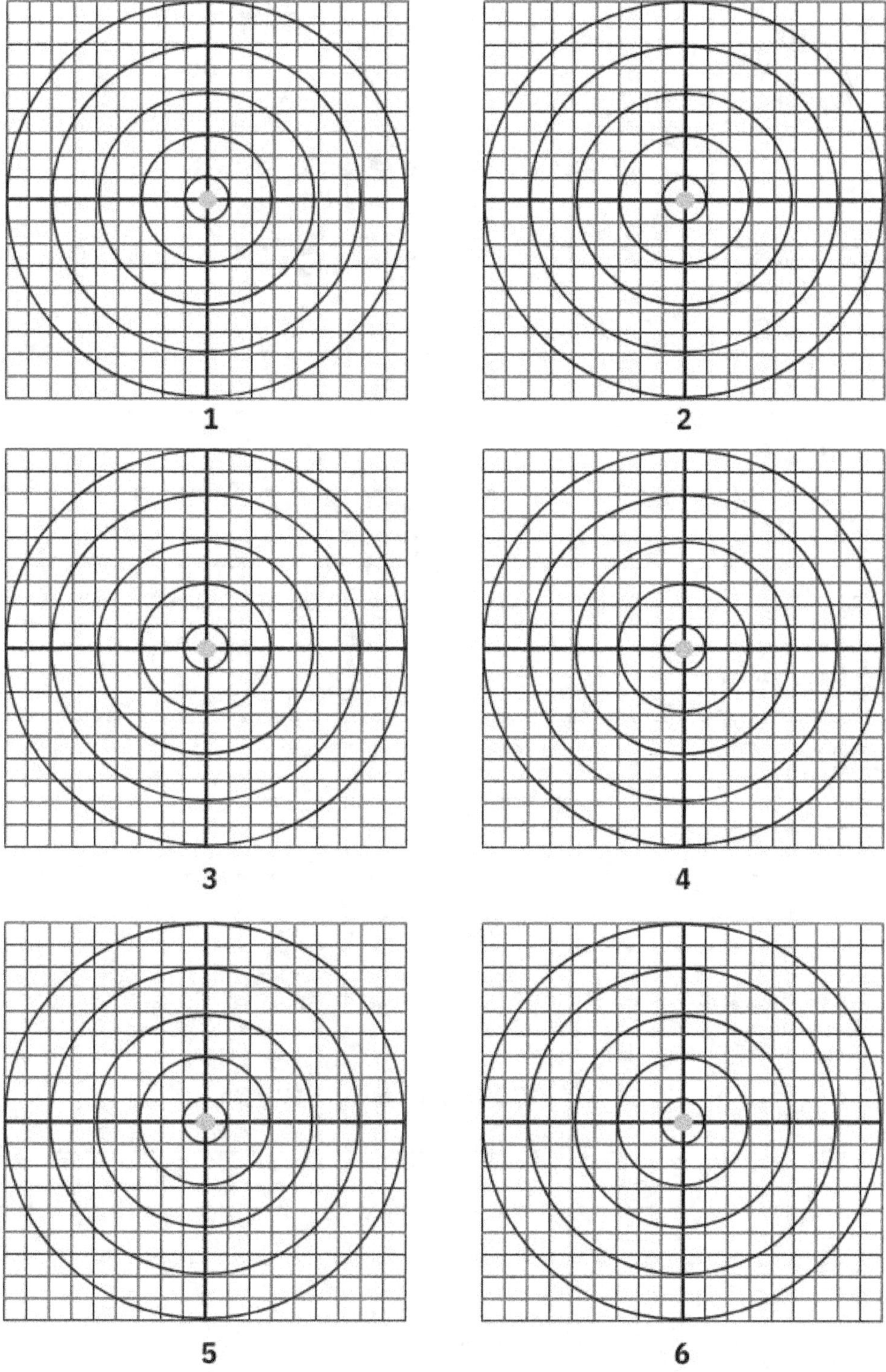

Une idée de cadeau parfaite pour les débutants et les professionnels

Livre de données sur le tir sportif

Date: _________________________   Temps: _________________

Localisation: ____

Conditions météorologiques

☐   ☐   ☐   ☐   ☐   ☐   _________   _________

Armes à feu:	
Balle:	Profondeur d'assise:
Poudre:	Céréales:
L'abécédaire:	
Laiton:	
Distance:	

Résultats globaux

☐ Mauvais   ☐ Juste   ☐ Bon   ☐ Excellent

Notes complémentaires

____

____

____

☆ ☆ ☆ ☆ ☆

Une idée de cadeau parfaite pour les débutants et les professionnels

Livre de données sur le tir sportif

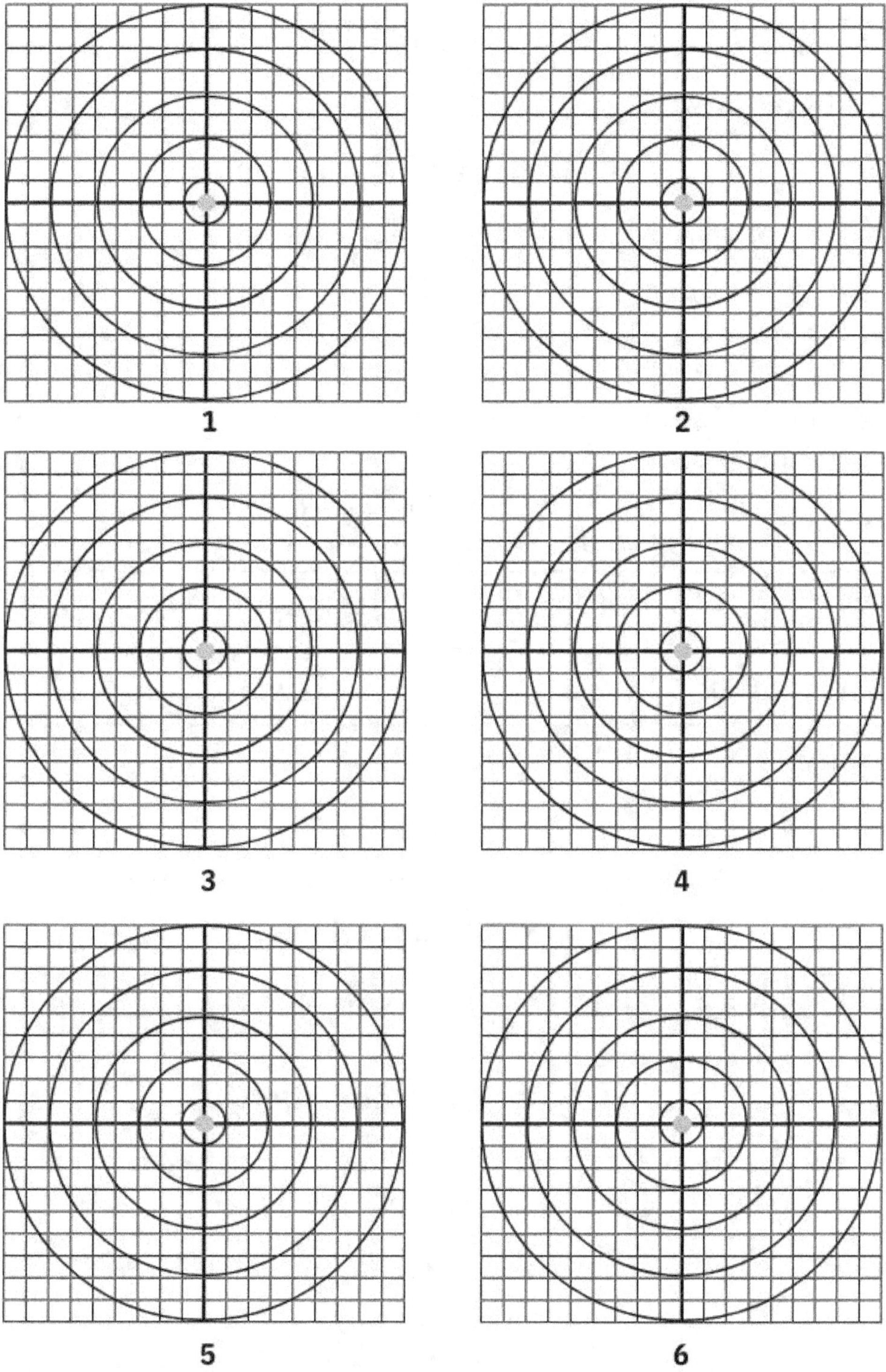

Une idée de cadeau parfaite pour les débutants et les professionnels

Livre de données sur le tir sportif

📅 Date: _______________   🕐 Temps: __________

📍 Localisation: ______________________________

Conditions météorologiques

☀ ☐   ⛅ ☐   🌤 ☐   🌦 ☐   🌧 ☐   🌨 ☐   🚩 _______   🌡 _______

Armes à feu:	
Balle:	Profondeur d'assise:
Poudre:	Céréales:
L'abécédaire:	
Laiton:	
Distance:	

Résultats globaux

☐ Mauvais   ☐ Juste   ☐ Bon   ☐ Excellent

Notes complémentaires

____

____

____

Une idée de cadeau parfaite pour les débutants et les professionnels

Livre de données sur le tir sportif

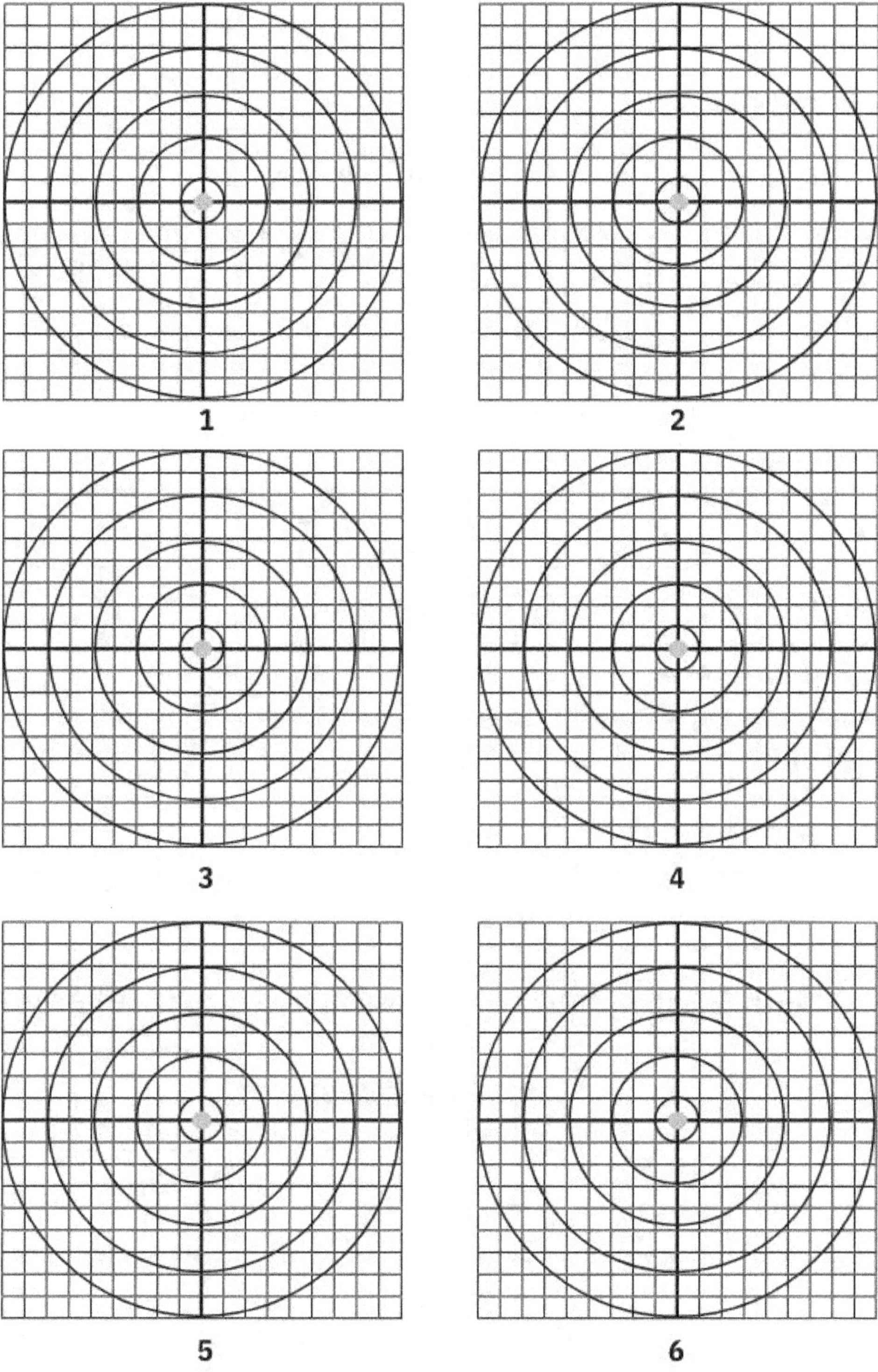

Une idée de cadeau parfaite pour les débutants et les professionnels

Livre de données sur le tir sportif

📅 Date: _________________ 🕐 Temps: _________

📍 Localisation: _______________________________

Conditions météorologiques

☐   ☐   ☐   ☐   ☐   ☐   _______   _______

Armes à feu:	
Balle:	Profondeur d'assise:
Poudre:	Céréales:
L'abécédaire:	
Laiton:	
Distance:	

Résultats globaux

☐ Mauvais ☐ Juste ☐ Bon ☐ Excellent

Notes complémentaires

____

____

____

☆ ☆ ☆ ☆ ☆

Une idée de cadeau parfaite pour les débutants et les professionnels

Livre de données sur le tir sportif

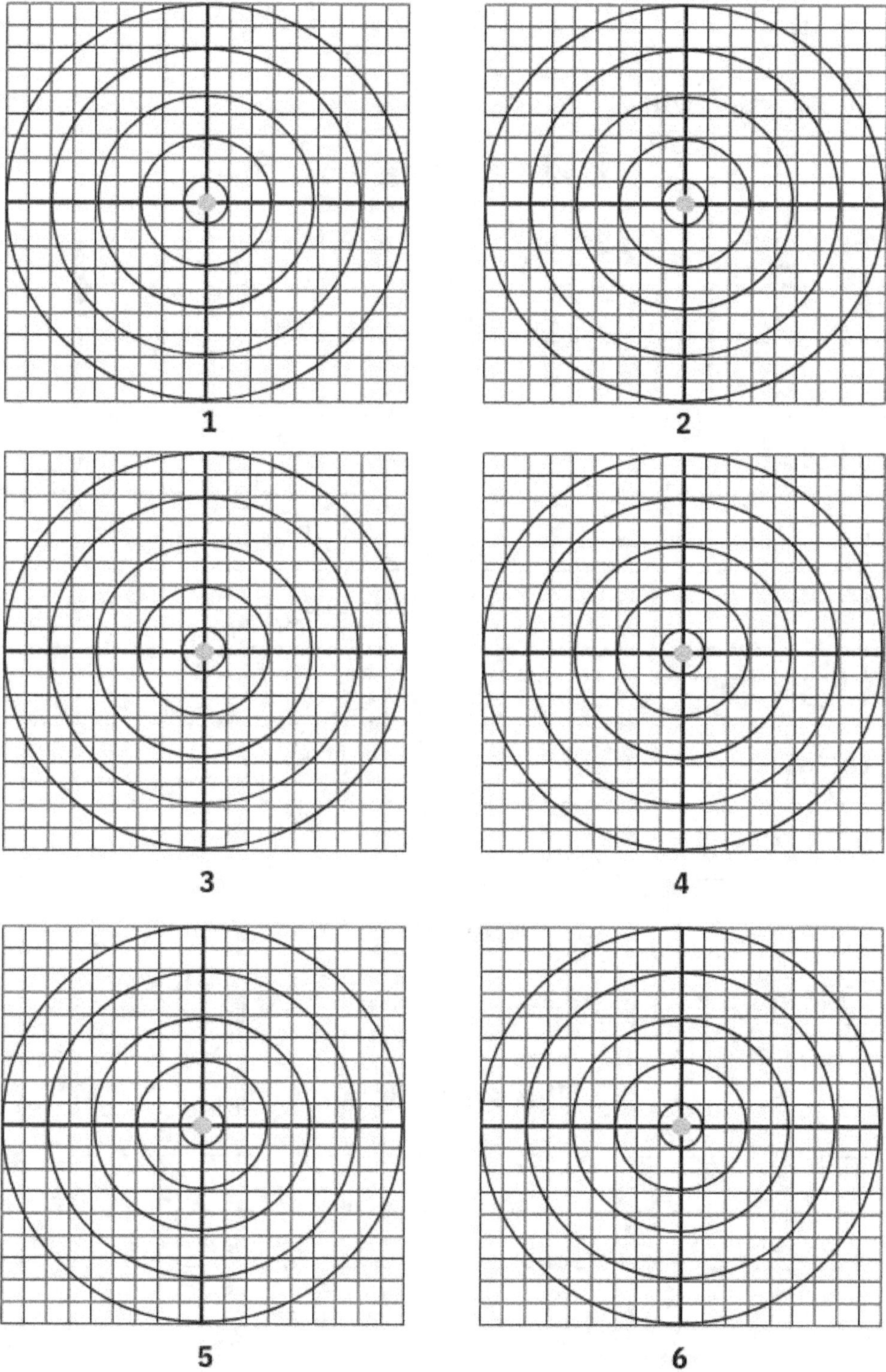

Une idée de cadeau parfaite pour les débutants et les professionnels

Livre de données sur le tir sportif

📅 Date: _________________   🕐 Temps: __________

📍 Localisation: _______________________________

Conditions météorologiques

☐   ☐   ☐   ☐   ☐   ☐   _______   _______

Armes à feu:	
Balle:	Profondeur d'assise:
Poudre:	Céréales:
L'abécédaire:	
Laiton:	
Distance:	

Résultats globaux

☐ Mauvais   ☐ Juste   ☐ Bon   ☐ Excellent

Notes complémentaires

____

____

____

☆ ☆ ☆ ☆ ☆

Une idée de cadeau parfaite pour les débutants et les professionnels

Livre de données sur le tir sportif

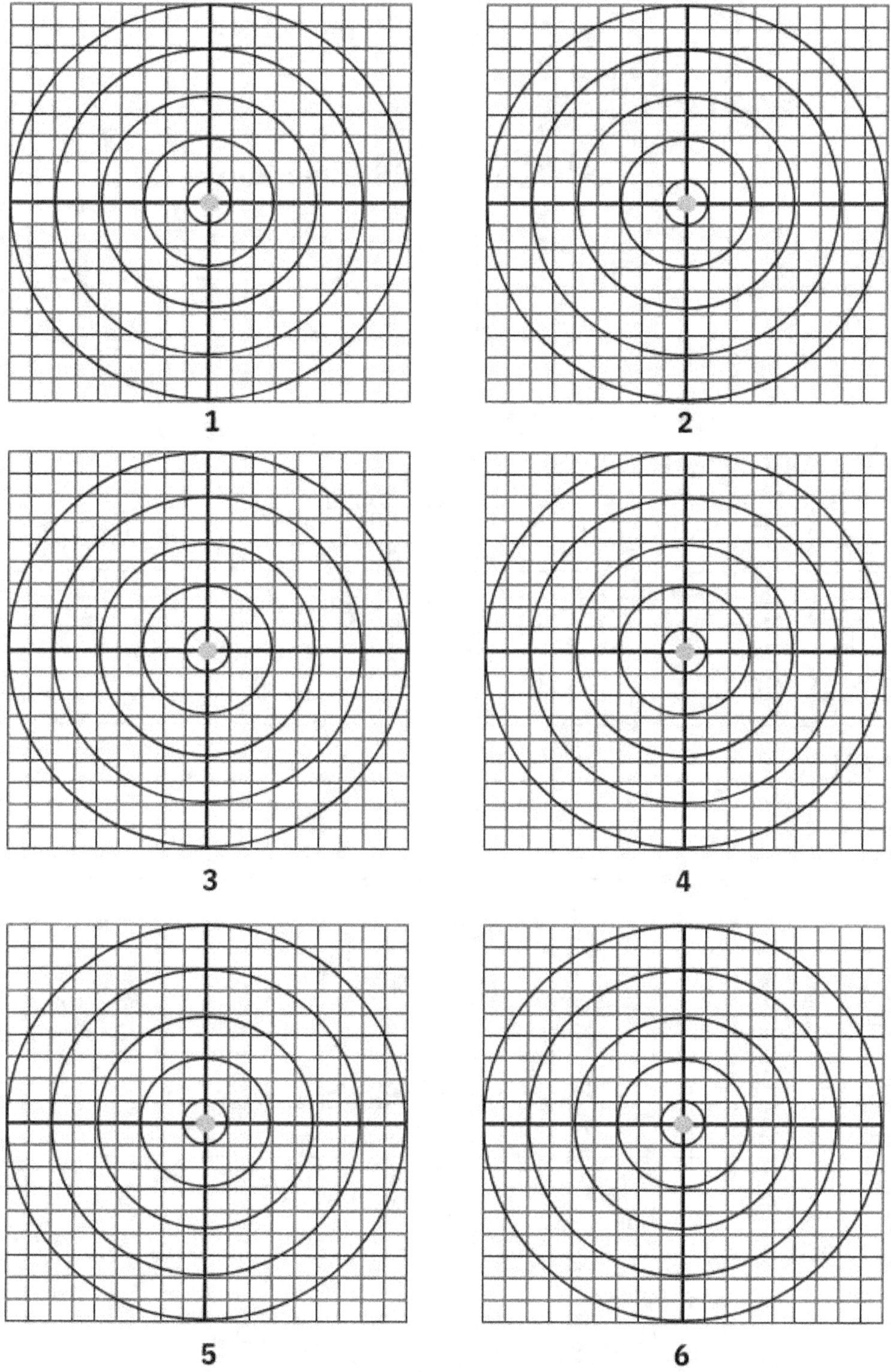

Une idée de cadeau parfaite pour les débutants et les professionnels

Livre de données sur le tir sportif

Date: _____________________   Temps: _________

Localisation: _________________________________

Conditions météorologiques

☐	☐	☐	☐	☐	☐	_______	_______

Armes à feu:	
Balle:	Profondeur d'assise:
Poudre:	Céréales:
L'abécédaire:	
Laiton:	
Distance:	

Résultats globaux

☐ Mauvais   ☐ Juste   ☐ Bon   ☐ Excellent

Notes complémentaires

____

____

____

Une idée de cadeau parfaite pour les débutants et les professionnels

Livre de données sur le tir sportif

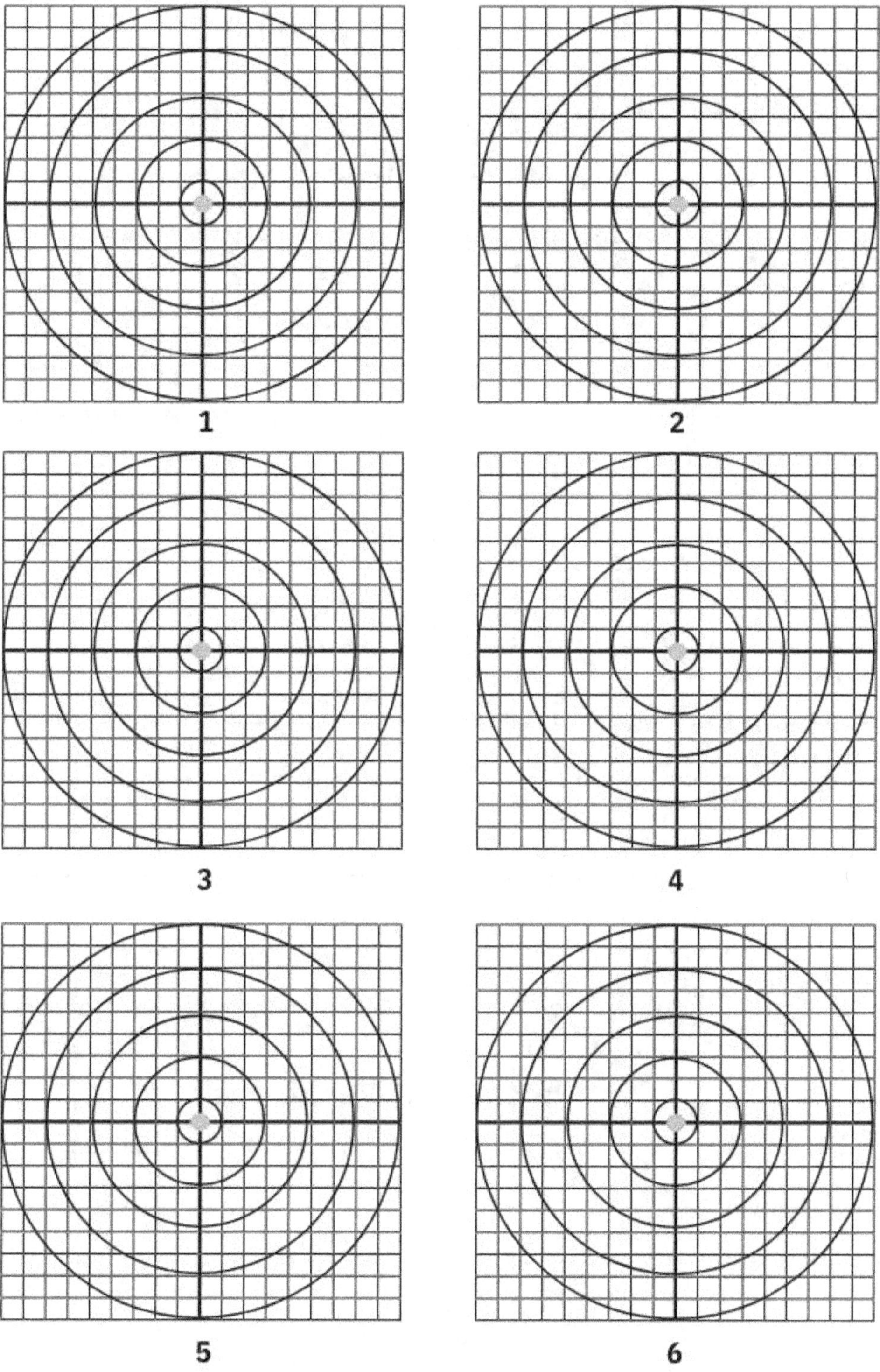

Une idée de cadeau parfaite pour les débutants et les professionnels

Livre de données sur le tir sportif

Date: _______________________ Temps: __________

Localisation: _______________________________

Conditions météorologiques

Armes à feu:	
Balle:	Profondeur d'assise:
Poudre:	Céréales:
L'abécédaire:	
Laiton:	
Distance:	

Résultats globaux

☐ Mauvais ☐ Juste ☐ Bon ☐ Excellent

Notes complémentaires

____

____

____

Une idée de cadeau parfaite pour les débutants et les professionnels

Livre de données sur le tir sportif

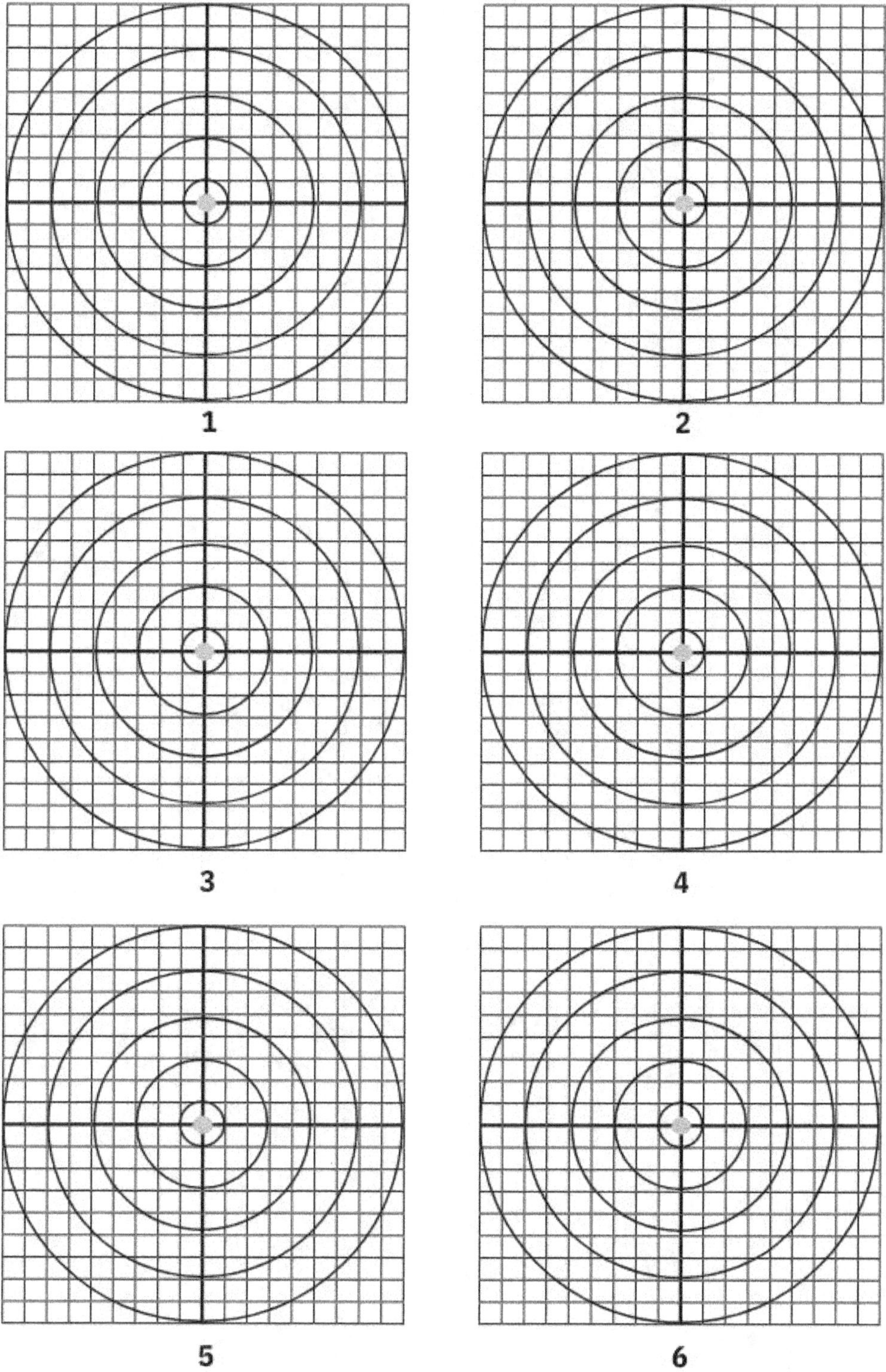

Une idée de cadeau parfaite pour les débutants et les professionnels